24 DE OUTUBRO DE 1929

A QUEBRA DA BOLSA DE NOVA YORK

E A GRANDE DEPRESSÃO

SÉRIE
LAZULI
RUPTURAS

24 DE OUTUBRO DE 1929

A QUEBRA DA BOLSA DE NOVA YORK E A GRANDE DEPRESSÃO

Wagner Pinheiro Pereira

Coordenadora da série
Maria Luiza Tucci Carneiro

Companhia Editora Nacional

Presidente Jorge A. M. Yunes
Diretor superintendente Jorge Yunes
Diretora geral de produção e editorial Beatriz Yunes Guarita
Diretor editorial Antonio Nicolau Youssef
Gerente editorial Sergio Alves
Coordenadora de revisão Marília Rodela Oliveira
Preparadores e revisores Irene Hikichi
Nelson José de Camargo
Sérgio Limolli
Editora de arte Sabrina Lotfi Hollo
Assistentes de arte Erica Mendonça Rodrigues
Janaina C. M. da Costa
Viviane Aragão
Coordenadora de iconografia Maria do Céu Pires Passuello
Assistente de iconografia Jaqueline Spezia
Produtora editorial Lisete Rotenberg Levinbook
Assistente de produção editorial Antonio Tadeu Damiani

Editora Lazuli
Diretor editorial Miguel de Almeida
Editora Luciana Miranda Penna
Diretor de arte Werner Schulz
Diagramação Eduardo Burato
Revisão Elaine Ferrari
Adriana Ribas

Dados Internacionais de Catalogação na Publicação (CIP)
(Câmara Brasileira do Livro, SP, Brasil)

Pereira, Wagner Pinheiro

24 de outubro de 1929 : a quebra da Bolsa de Nova York e a Grande Depressão / Wagner Pinheiro Pereira. – São Paulo : Companhia Editora Nacional, 2006. – (Série Lazuli rupturas / coordenadora Maria Luiza Tucci Carneiro)

ISBN 85-04-01051-1

1. Estados Unidos – História – 1919-1933 2. Estados Unidos – História – 1933-1945 3. Grande Depressão – 1929 – Estados Unidos I. Carneiro, Maria Luiza Tucci. II. Título. III. Série.

06-5852 CDD-973.91

Índices para catálogo sistemático:
1. Estados Unidos : Bolsa de Nova York e a Grande Depressão : História 973.91

2006

CTP, Impressão e Acabamento
IBEP Gráfica

Companhia
Editora Nacional

Av. Alexandre Mackenzie, 619 – Jaguaré
São Paulo – SP – 05322-000 – Brasil – Tel.: (11) 6099-7799
www.ibep-nacional.com.br editoras@ibep-nacional.com.br

A **SÉRIE LAZULI RUPTURAS** vem incentivar o debate sobre fatos históricos que alteraram os rumos da Humanidade ou de um povo, em particular. Fatos que se tornaram referência, uma espécie de baliza de um novo tempo. Fatos que, constantemente, são lembrados e (re)memorados por terem causado uma reviravolta no cotidiano desta ou daquela sociedade, alterando a ordem universal. Esta questão, necessariamente, nos instiga a repensar a memória histórica e a indagar: qual é a versão do fato que chega até nós?

Por experiência do passado, sabemos que as tradições podem ser "inventadas", como já ressaltou Eric Hobsbawm. Muitas vezes – pelo distanciamento do fato – recebemos versões distorcidas que, repetidas ao longo dos tempos, tornam-se "verdades absolutas". É quando o dito pelo não-dito se impõe, relegando a um segundo plano os testemunhos oculares. Enfim, nossa história é uma história de muitos silêncios, imagens construídas e versões consolidadas. E, nem sempre, a versão ou a imagem-símbolo que "ficaram" são aquelas que expressam a verdadeira dimensão do fato acontecido.

São questões como estas que vamos discutir nesta coletânea de títulos direcionados para tempos distintos: o de curta duração, onde tudo oscila a partir de um fato, e o de longa duração modelado pela persistência das representações coletivas. Optamos por temas que causaram alguma perplexidade por expressarem um cisma para o qual não faltam explicações, muitas vezes contraditórias. Daí o nosso foco sobre as revoluções, invenções, golpes políticos, genocídios e guerras. Este leque se abre para múltiplos campos do conhecimento: história, literatura, artes, arquitetura, fotografia, política, economia, música, esporte, legislação, ciência, culinária, entre tantos outros. Alguns mais provocativos, outros mais sedutores. Enfim, estaremos atentos à dinâmica da História, priorizando os sintomas de inércia das sensibilidades, os desvios e as continuidades, os encantos e os desencantos, os momentos de luzes e os tempos sombrios.

Este desafio deve ser compreendido como um despertar para o mundo do conhecimento, voltado para a percepção das conexões e implicações estabelecidas por essas rupturas ao longo da História.

Maria Luiza Tucci Carneiro
Coordenadora da Série

SUMÁRIO

Dedico este livro com todo carinho para a minha mãe Elza e para a minha avó Petra (em memória).

HISTÓRICO

> *As ruínas são ainda visíveis, e são terrificantes. Logo no porto de Nova York o viajante fica surpreendido, chocado pela calma trágica de um lugar que [o viajante] conheceu como o mais ativo do mundo... Há neste momento nos Estados Unidos cerca de 14 milhões de desempregados, e, como muitos deles têm família, 20 a 30 milhões de homens e mulheres vivem de esmolas, privadas ou públicas... O espetáculo de uma grande nação de que? se encontra reduzido à impotência produz emoções bem mais fortes do que uma estatística em preto e branco. Desde que chega neste país, o estrangeiro compreende de repente que em nenhum momento a Europa imaginou a dolorosa intensidade da depressão dos Estados Unidos.* (MAUROIS, André. "Estaleiros Americanos. 1933". *Apud* FREITAS, s/d., p. 311.)

O texto acima, extraído dos relatos da viagem de André Maurois aos Estados Unidos da América, em 1933, descreve os efeitos da crise econômica iniciada em 1929, destacando, em especial, a situação dos desempregados, um dos grandes flagelos desse período. A grande depressão econômica da década de 1930 formou um batalhão de pessoas sem emprego, facilitou a formação e a ascensão de movimentos nazifascistas e tornou-se uma das impulsionadoras do conflito entre as grandes potências, resultando na Segunda Guerra Mundial (1939-1945).

Este livro analisa a mais grave crise já ocorrida na história do capitalismo*. Fruto das contradições internas do próprio sistema capitalista e, em grande parte, decorrente das desigualdades sociais, a crise de 1929 deve ser entendida como um dos momentos mais importantes da história do século 20.

Maquinário enterrado no lote do celeiro. © Departamento de Agricultura dos Estados Unidos

A DATA: 24 DE OUTUBRO DE 1929

Os Perigos da Prosperidade: Antecedentes da Crise de 1929

Em 1929 irrompeu nos Estados Unidos mais uma das crises periódicas que vinham ocorrendo nos países industrializados desde o século 19. Como as anteriores, a crise iniciada em 1929 foi marcada pela superprodução e pelo subconsumo, propagando-se dos países centrais para a periferia do mundo capitalista. No entanto, ela se distinguiu das demais por ter tido efeitos muito mais amplos e graves. Atingiu grande parte do mundo de forma tão violenta que provocou uma desorganização geral do sistema econômico capitalista. Deixou sem emprego 40 milhões de trabalhadores em 1932, levou ao caos a economia de dezenas de países e seus efeitos foram sentidos por, aproximadamente, dez anos. Além disso, ao longo da década de 1930, a crise acelerou o fim da economia liberal, fortalecendo a prática das intervenções estatais na atividade econômica. Nos Estados Unidos, essa intervenção realizou-se com a manutenção do regime democrático, ao contrário do que ocorreu em países como a Itália e a Alemanha.

As causas das crises periódicas do capitalismo têm sido objeto de estudo de várias escolas de ciência econômica. Uma das explicações mais correntes destaca que as crises teriam origem no fato de a taxa de lucros ser inversamente proporcional à taxa de salários. À medida que a taxa de lucros aumenta de forma contínua, cria-se a seguinte situação: os empresários detentores dos capitais abrem novas fábricas, utilizam novas técnicas, produzem mais e lançam novos produtos no mercado. Contudo, o crescimento do mercado consumidor não acompanha, nem no mesmo ritmo nem na mesma proporção, o crescimento da oferta, visto que a apropriação do lucro pelo capitalista se dá, precisamente, em detrimento do trabalhador assalariado. Essa contradição básica do capitalismo manifesta-se, imediatamente, na forma de crise de superprodução. É preciso destacar, todavia, que superprodução não significa produção de bens de consumo além da capacidade de consumo de uma determinada sociedade. Ao contrário, tem um sentido bem especial no capitalismo: trata-se do momento em que o capitalista não consegue vender o seu produto com o mesmo lucro. Superprodução significa, pois, o declínio da taxa de lucro do capitalista, que então é obrigado a reduzir o investimento e dispensar mão-de-obra, quebrando-se assim o ciclo da auto-reprodução do sistema, o que, fatalmente, desorganiza o mercado.

Nesse sentido, as condições econômicas do mundo após a Primeira Guerra Mundial (1914-1918) são de fundamental importância para a compreensão da crise de 1929. Afinal, os Estados Unidos emergiram da guerra como a maior potência capitalista, uma vez que, durante o conflito, haviam vendido armas e suprimentos aos países da Tríplice Entente*, e no pós-guerra supriram a Europa de manufaturas, matérias-primas, alimentos etc. Ao mesmo tempo, também passaram a exercer um crescente controle sobre os mercados da América Latina e da Ásia, até então submetidos ao capital europeu, principalmente o inglês, já que as nações européias, envolvidas no conflito bélico, não podiam manter seus tradicionais mercados.

A guerra terminara pouco tempo depois da entrada dos Estados Unidos no conflito (6 de abril de 1917), mas foi o suficiente para que Woodrow Wilson, presidente dos Estados Unidos entre 1913 e 1921, obtivesse um excepcional desempenho diplomático, através da generosa proposta de paz, expressa nos célebres 14 Pontos*, onde pedia a renúncia a todas as conquistas, a liberdade da economia e do comércio, a liberdade dos mares, a reconstrução dos países e, por fim, a criação de uma Liga das Nações*. Embora essa proposta fosse esquecida no estabelecimento do Tratado de Versalhes, pelo espírito vingativo de Clemenceau (França) e Lloyd George (Grã-Bretanha), estava evidente que os Estados Unidos, em razão de seu poderio econômico, deveriam assumir as responsabilidades internacionais proporcionais a sua importância no novo contexto mundial. Mas não foi o que aconteceu imediatamente após o término do conflito. Ao contrário, os Estados Unidos voltaram a seu isolacionismo*, dominados, a partir de então, pelos ultraconservadores do Partido Republicano.

O fechamento político dos Estados Unidos aos assuntos internacionais ficou claro no momento em que o Senado norte-americano recusou-se, em 1919, a retificar o Tratado de Versalhes e negou o ingresso do país na Liga das Nações, cuja criação deveu-se à sugestão de Wilson. Assim, no plano político, os republicanos passaram a dominar, já que Wilson não conseguiu fazer eleger-se James M. Cox, o candidato democrata. O fechamento da nação foi sentido até mesmo nas restrições à imigração através de leis sucessivas, de 1921, 1924 e 1929. Esses fatos representaram a recusa aos valores europeus e a tentativa de afirmação das tradições norte-americanas e de suas "virtudes" conservadoras.

Para que o modelo conservador fosse preservado era importante também "moralizar" a sociedade. Nada melhor, pensava-se então, do que proibir o consumo de bebidas alcoólicas. Desde o século passado acreditava-se que progresso e proibição de bebidas andavam lado a lado. Era comum se dizer na época: "Um bom ritmo industrial exige trabalhadores sóbrios". Em alguns estados já haviam surgido as "leis secas", mas foi em 27 de outubro de 1919 que uma antiga reivindicação da "América tradicionalista" foi atendida: a proibição tornou-se lei, a Lei Volstead, mais conhecida como Lei Seca*, que proibiu a fabricação, a comercialização e o consumo de bebidas alcoólicas nos Estados Unidos, até ser revogada em 1933, pelo presidente Franklin Delano Roosevelt. Além de proibir o consumo de álcool, a lei determinava a destruição das destilarias de uísque, o fechamento de bares e punia com multas a venda de bebidas alcoólicas. Somente entre 1920 e 1928, houve 271.327 julgamentos de contravenção a essa lei.

Mas os reflexos indiretos da legislação foram ainda mais preocupantes. Afinal, a Lei Seca, além de não ter diminuído o consumo médio de bebidas alcoólicas, ocasionou o recrudescimento do tráfico clandestino destas, que se tornou um negócio altamente lucrativo para os criminosos. Foi a época de ouro para Big Jim Colosimo e Al Capone, entre outros gângsteres*. Onde o fornecimento oficial da cerveja, do vinho e da aguardente era proibido, os gângsteres tratavam do assunto, a soldo de poderosas organizações, como a Máfia, que compravam os funcionários municipais, os juízes, a polícia e os dirigentes políticos. Apenas em Nova York foram abertos 32 mil bares ilegais, que vendiam bebidas proibidas. Também prosperaram as fábricas clandestinas e todos os "negócios" vinculados, tais como o jogo, a prostituição, o contrabando e a chantagem.

Porém, apesar desse moralismo repressor que acompanhou a decisão isolacionista, a sociedade norte-americana pareceu tê-lo suportado bem. Isto se deveu ao fato de que nos Estados Unidos inaugurou, nessa época, a era da "prosperidade" econômica. As dificuldades de reconstrução européia no pós-guerra, pelo menos até por volta de 1925, contrastavam com o notável *boom** da economia norte-americana, bastando lembrar que os Estados Unidos, como principal fornecedor dos países que formavam a Tríplice Entente durante o conflito, conseguiram inverter a relação da balança comercial e sua posição financeira. Em 1914, os Estados Unidos deviam cerca de 3,7 bilhões de dólares à Europa. Em 1919, esta passava a dever-lhes 3 bilhões de dólares, como resultado do saldo favorável nas transações comerciais. A essa soma acrescentam-se ainda as dívidas contraídas pelos aliados nos Estados Unidos, que chegaram a totalizar mais de 10 bilhões de dólares. Dessa forma, os Estados Unidos passaram de devedores a credores. Essa inversão teve um significado muito profundo, pois ela não foi só a expressão de uma supremacia momentânea, propiciada pela conjuntura favorável. Ao contrário, em razão de seu poderio econômico, os Estados Unidos iniciaram sua era de hegemonia entre os países capitalistas, em caráter definitivo e irreversível.

Compreende-se, portanto, o clima de euforia sem precedentes, alimentado pelo espírito do *american way of life* (estilo de vida norte-americano) e pela idéia de que a prosperidade seria permanente. Esta fase de prosperidade criou condições para que aflorasse um estilo de vida de determinado segmento da população norte-americana – o da classe média burguesa –, que foi exportado como exemplo da moderna civilização ocidental: o *american way of life*, ideologia fundamental para a sustentação da sociedade capitalista desenvolvida naquele país e adotada em tantos outros mundo afora. Ele se caracterizava pela construção de edifícios altos e modernos, pela multiplicação de bairros residenciais, cujas casas ligavam-se por jardins e gramados, pelo aumento do número de carros, de aparelhos domésticos, entre outros bens de consumo, gerando, cada vez mais, uma necessidade de consumir, alimentada pela propaganda e pela expansão das compras através de crediários.

Durante a década de 1920, os republicanos estiveram no poder, abstendo-se de intervir na economia, pois, alicerçados nos princípios do liberalismo econômico, acreditavam que as próprias regras do mercado eram suficientes para garantir o crescimento econômico e a prosperidade. Dessa maneira, favoreciam-se, ainda mais, os interesses dos grandes empresários, financistas e industriais. No plano industrial, assistiu-se ao incremento da produção industrial devido à crescente eletrificação, utilização em larga escala dos derivados de petróleo, barateamento do custo de produção do aço, aceleração da indústria automobilística etc. Como exemplo da crescente prosperidade norte-americana, cabe destacar que entre 1921 e 1929 a renda *per capita* aumentou de 660 dólares para 857 dólares. Outro índice, imediatamente visível, foi a grande corrida da construção civil, que começou a erguer enormes arranha-céus, transformando a silhueta das grandes cidades norte-americanas.

Indubitavelmente, o maior símbolo de prosperidade da década de 1920 foi o automóvel. O empresário norte-americano Henry Ford, de Detroit, tomara consciência, no início do século 20, da importância ilimitada que teria o automóvel num país tão extenso como os Estados Unidos. A sua idéia era simples: produzir veículos em série, potentes e baratos, para os norte-americanos. Assim apareceu no mercado seu modelo T – o Tin Lizzy –, inspirado no princípio, cada vez mais difundido entre a população, de que *time is money* ("tempo é dinheiro"), isto é, que tudo devia marchar a grande velocidade, a fim de se obterem os maiores lucros.

Ford adaptou à indústria automobilística o sistema utilizado nos matadouros de Chicago, tendo construído a primeira linha de montagem* e produzido uma quantidade apreciável de carros populares. Afinal, o novo modelo T havia sido calculado de maneira a poder ser adquirido, a preço acessível, pelo maior número possível de compradores. A fabricação em série diminuía o custo do automóvel e, além disso, utilizando todo o seu talento para os negócios, Ford despertou o interesse de uma nova e poderosa categoria de clientes, constituída por operários e empregados, através de medidas revolucionárias, como elevar a remuneração horária de seus operários de 2,5 para 5 dólares. Em 1909, já produzia 10 mil carros por ano, a 950 dólares cada um; em 1920, a produção anual era de 2 milhões de carros, a 295 dólares por unidade; em 1930, a produção alcançou a marca de 23 milhões de carros. O dia de trabalho de oito horas, introduzido nas fábricas de Henry Ford, foi adotado por outras indústrias, assim como o sistema de produção em série.

Nesse aspecto, o automóvel foi a primeira demonstração das possibilidades do novo mercado de massa para bens de consumo duráveis. Geladeiras, fogões, máquinas de lavar, torradeiras elétricas, aspiradores de pó e rádios também se tornaram comuns nos anos 1920, indicando a nova importância dos produtores de artigos elétricos. Os rádios, praticamente inexistentes em 1920, atingiram 13 milhões de unidades em 1929. Todos esses produtos, outrora artigos de luxo, tiveram seu preço reduzido, enquanto os salários subiam. A produtividade da indústria norte-americana aumentava regularmente, mas a demanda também parecia expandir-se com rapidez. O que era luxo acabou por se tornar necessidade.

É bom lembrar que o cinema também se desenvolvia rapidamente, consolidando-se como uma das mais importantes indústrias de entretenimento de massa. Hollywood já era considerada a capital mundial do cinema, produzindo, através de seu star system (um sistema de mitificação de atores e atrizes), ídolos e mitos para consumo em larga escala que fascinavam o público norte-americano e mundial, ditando todo um conjunto de valores, comportamentos, conceitos e visões de mundo para a época.

Em 1937, a indústria cinematográfica era a 14ª em volume de negócios e a 11ª em disponibilidades, entre as indústrias da nação, calculando-se em não menos de 75 milhões as pessoas que, todas as semanas, lotavam as salas de cinema. Foi através do cinema, na verdade, que a nova geração obteve suas noções, na maioria altamente românticas e perigosamente enganosas, a respeito da vida. Limitado pelas exigências de bilheteria, dirigido a vastas audiências, considerado pelos teóricos da época como destituído de senso crítico, sujeito a censura moral, religiosa, ideológica e política, o cinema hesitava em empreender na época um retrato realista da vida nos Estados Unidos. Inclinava-se, antes, às idéias caprichosas de seus patronos. A maioria dos filmes apresentava o amor romântico, salientando seus aspectos mais biológicos. O crime, a alta sociedade, as comédias e os musicais eram sempre populares, ao passo que os filmes que continham críticas da sociedade eram, com algumas exceções, fracassos de bilheteria. De modo geral, porém, o cinema representava uma fuga para a terra poética do amor, da aventura ou da riqueza. Inevitavelmente, o comportamento e o vocabulário eram imitados por aqueles para quem representavam a realização de todas as ambições. Estabeleciam a moda dos trajes, dos móveis da casa, dos jogos e até mesmo da vida conjugal e familiar, e a natureza humana passou cada vez mais a adaptar-se à arte comercial. Hollywood fazia a propaganda dos aspectos mais alegres da vida norte-americana em todos os países do mundo e, na escala de valores, desafiava a soberania do lar, da escola e da Igreja. Tudo isso favorecia a crença, já generalizada, de que o *american way of life* era uma realidade definitiva.

Todos os outros setores de entretenimento revelavam a mesma tendência para a comercialização. O esporte tornou-se um grande negócio. Times profissionais de beisebol atraíam multidões; George Herman "Babe" Ruth e, mais tarde, Joe di Maggio eram heróis nacionais para milhões de rapazes que nunca tinham ouvido falar em Charles W. Eliot ou no juiz Holmes. O boxe, também, tornou-se não só respeitável como lucrativo; apreciadores de boxe pagaram, em 1927, 2,5 milhões de dólares para ver Gene Tuney derrotar Jack Dempsey, e em 1940 um candidato presidencial sentiu-se contente por obter o apoio do campeão dos pesos pesados, Joe Louis. As horas de folga durante o dia e a semana de cinco dias deram nova popularidade ao tênis e ao golfe, ao passo que jogos antiquados como o críquete, que exigiam prados bem conservados e grupos familiares, desapareceram quase por completo. Jogos de cartas, outrora encarados como duvidosos, tornaram-se decentes e a adesão ao *bridge* algo como uma necessidade social. Nenhuma geração anterior havia progredido tanto na arte de se divertir. E nesse próspero contexto, apostar no mercado de valores tinha virado moda entre os norte-americanos. A Bolsa de Valores* de Nova York, transformada em cassino e coqueluche da época, vivia dias de euforia.

A prosperidade dos Estados Unidos no pós-guerra, no entanto, não atingiu igualmente todos os setores da economia, nem todas as classes sociais. Nem sequer cobriu eqüitativamente todas as áreas geográficas do país.

O milagre econômico não atingiu, por exemplo, o setor agrícola. Embora a agricultura tenha se beneficiado, num primeiro momento, do surto de prosperidade – a mecanização, a utilização de defensivos agrícolas, a irrigação artificial, a eletrificação rural e o aproveitamento dos amplos recursos naturais possibilitaram a produção de safras cada vez maiores, o que cristalizava ainda mais a mística da prosperidade –, por volta de 1925, esse crescimento, em grande parte alicerçado em bases falsas (especulação, por exemplo), parecia correr riscos. Os preços dos produtos agrícolas caíam; os países europeus com suas economias reorganizadas passavam a competir no mercado internacional; a produção agrícola dos países de economias capitalistas menos desenvolvidas também buscava um espaço nos mercados internacionais (tal foram os casos de Argentina, Uruguai, Austrália, Nova Zelândia etc.). A solução encontrada pelos fazendeiros norte-americanos foi construir silos para estocagem de grãos, gerando no setor agrícola uma crescente dependência do setor financeiro. Ao mesmo tempo os norte-americanos investiram maciçamente na Europa, sobretudo na recuperação da Alemanha, esperando que, ao aumentar o poder de compra dos países europeus, encontrariam uma solução para o crescente problema do aumento da produção industrial norte-americana. O sistema de crédito interno foi outra alternativa para fazer face à crise que se aproximava. Acreditava-se, assim, que esses problemas eram passageiros.

No entanto, os "dias melhores" não haviam chegado para os fazendeiros que, endividados com os bancos (muitos haviam hipotecado suas propriedades) e vendo os preços agrícolas declinarem rapidamente, ficaram arruinados. Ao mesmo tempo, o governo norte-americano, o principal fiador dos empréstimos privados aos países europeus, preocupado com o quadro político na Europa (ameaça das esquerdas e avanço dos movimentos nazifascistas), retirou suas garantias, levando os capitalistas norte-americanos a repatriar capitais. Sem recursos, as economias européias importaram ainda menos dos Estados Unidos. Os industriais compreenderam, então, a necessidade de reduzir a produção. Ao fazê-la, ampliavam o desemprego, restringindo ainda mais o consumo. Entrava-se num círculo vicioso e não se encontravam alternativas reais, pois a crise, no fundo, era estrutural.

Todo esse quadro se refletiu na Bolsa de Valores de Nova York, verdadeiro termômetro do sistema capitalista na época. Durante os anos de prosperidade desenfreada e de otimismo, a cotação das ações* na bolsa subia constantemente. À medida que o desemprego aumentava, que a superprodução não encontrava compradores, que vários países adotavam tarifas protecionistas dificultando a importação, e que a confiança generalizada da sociedade norte-americana no *american way of life* se abalava, o pânico tomou conta dos acionistas* das principais empresas norte-americanas, que viam suas ações começarem a baixar vertiginosamente de preço.

O final da década trouxe, assim, o fim da época de prosperidade do "milagre norte-americano". Instalou-se, então, uma das maiores crises que o capitalismo liberal conheceu. Isso traria mudanças substanciais na vida econômica e social norte-americana. Contudo, em 1928, ao menos para Herbert

Hoover, presidente dos Estados Unidos entre 1929 e 1933, essa crise ainda não era perceptível, conforme pode ser observado em seu discurso proferido no dia 8 de novembro de 1928, quando disse:

Estamos hoje na América mais próximos do triunfo final sobre a pobreza do que já esteve qualquer outra terra na História. O asilo de pobres está desaparecendo entre nós. Ainda não atingimos a meta, mas nesse passo, em breve, estaremos, com a ajuda de Deus, vendo o dia em que a pobreza será banida da face desta nação. (*Apud* HEILBRONER, 1974, p. 169)

Ao contrário do que pregavam essas palavras, a grande parcela da população norte-americana conheceria de perto a miséria, o desemprego, o sofrimento e a dor. A prosperidade dos anos 1920 desembocou numa das maiores crises que o país viveu, arrastando consigo a maior parte das nações capitalistas da época.

O Fim das Ilusões: A Quebra da Bolsa de Nova York

O desastre de 1929 foi estimulado pela "psicologia do pânico", escreveu o professor da Universidade de Yale Irving Fisher, que se empenhou num aprofundado estudo sobre o desenvolvimento e as causas da crise. Setenta e cinco anos depois, talvez seja possível compreender mais nitidamente a crise de 1929 e avançar um passo nas explicações. Segundo John Kenneth Galbraith, autor do livro *1929 – O Colapso da Bolsa*: "Apenas uma conclusão é certa: a economia ainda não autoriza respostas definitivas sobre problemas do gênero". Num mundo que ainda se pergunta se é possível ocorrer uma catástrofe semelhante à de 1929 (nascida em Wall Street, que infectou os Estados Unidos da América, difundiu-se por contágio pela Europa e pela América Latina e teve, entre as conseqüências, o nazifascismo e a Segunda Guerra Mundial), a resposta de Galbraith é mais científica do que a resposta de Fisher: esta é uma simplificação presunçosa, enquanto aquela é um reconhecimento de nossa ignorância, não desprovido de senso.

Além disso, falando da crise de 1929, Fisher se referia à queda das ações em Wall Street. Galbraith, ao contrário, falava da grande depressão iniciada em 1929. É importante insistir nesse ponto. Quando se fala genericamente da crise de 1929, na realidade, se está pensando em duas crises diferentes. Uma é a da Bolsa de Valores, portanto, uma crise financeira; a outra é uma crise econômica, de produção e de força de trabalho.

A crise de Wall Street, embora estimule mais as imaginações devido aos relatos de banqueiros suicidas, constitui apenas um episódio: tocou um número relativamente limitado de pessoas e acabou um mês depois de começar, ou seja, em novembro do mesmo ano. A crise econômica e produtiva empobreceu e fez sofrer dezenas de milhões de pessoas, prolongou-se por mais de um decênio e resolveu-se somente graças à ofensiva sobre a produção, possibilitada por um remédio pior que a doença: a guerra. E, embora seja exato que a plena compreensão da grande depressão ainda nos escape, hoje conhecemos com clareza as verdadeiras causas da ruína de Wall Street.

O ano de 1929 começou num clima de grande euforia. Herbert Hoover, um engenheiro de minérios do Iowa, havia sido triunfalmente eleito, no ano anterior, para a presidência dos Estados Unidos da América. Seu *slogan* era: "Um frango em cada panela e dois automóveis em cada garagem". No entanto, um ano depois os norte-americanos estariam chamando de "cobertas Hoover" os jornais velhos com que os desempregados se protegiam à noite, e de *Hoovervilles* (cidades de Hoover) às vilas de cabanas feitas de latas e papelão, favelas mesmo, nas quais eles moravam. Quando, 36 anos mais tarde, Hoover morreu, com 90 anos, os jornais norte-americanos, unanimemente, recordaram-se dele como "o pior presidente que a América já teve".

Em Wall Street, as ações eram lançadas no mercado ininterruptamente desde 1924. Até 1927, sua valorização se dava em relação direta com o aumento da produção (de que os títulos da bolsa deveriam ser a indicação correta), mas, a partir dos primeiros meses de 1928, verificou-se um fato novo: a valorização das ações perdeu toda e qualquer relação com o andamento dos bens da sociedade e começou a ocorrer por conta própria, ainda que gradualmente, por imprevistos saltos acrobáticos.

Algo estava errado. As cifras confirmaram a então emissão constante de títulos: a "média dos títulos industriais" do *The New York Times*, por exemplo, que era de 106 no início de 1924, no final desse mesmo ano chegava a 134, no final de 1925 a 181, e a 245 no fim de 1927. Em dezembro de 1928, essa média era de 331 e, em 1929, de 415. Em quatro anos, portanto, as ações aumentaram seu valor em mais de 300%.

Poucos pararam para pensar que a produção industrial norte-americana não crescera proporcionalmente e que as ações, portanto, estavam tendo um aumento artificial; que, em substância, alguma coisa deixara de funcionar e Wall Street soltara os pés da terra, alçando vôo rumo àquele estágio que implica em intervenção da especulação no correto mecanismo de uma bolsa de valores.

Dois elementos permitiram a decolagem em 1928: um de natureza psicológica, o outro de ordem técnica. O elemento psicológico é dado, na euforia de uma série excelente (para os EUA) de acontecimentos pós-bélicos, pela frenesi de enriquecer. Uma certa moralidade dos Estados Unidos – não é o caso, aqui, de dizer se válida ou não – tendia a dar por implícito que a riqueza seria um mérito e a pobreza um pecado.

O elemento técnico teve origem numa curiosa permissividade da lei (praticamente, pela ausência de uma verdadeira série de normas) que regulava a atividade das bolsas de valores norte-americanas, pois, na década de 1920, nenhuma determinação impunha a quem adquirisse uma ação que desembolsasse materialmente o dinheiro correspondente ao valor do título. O corretor que cuidava do negócio contentava-se, geralmente, em receber do cliente 10% do valor nominal das ações que comprava em nome dele, de modo a estar "coberto" antecipadamente, tanto contra eventuais pequenas flutuações quanto para garantir as comissões que constituíam seu lucro. Era, já, o sistema da chamada "aquisição a crédito". Quanto ao dinheiro para comprar materialmente os títulos, não era tampouco o agente da bolsa quem o antecipava. Para isso existiam os bancos, que aumentavam as taxas de juros (chegava-se aos 10%, 12% e até 15%) e não pretendiam renunciar a uma forma de ganho tão fácil, segura e contínua. As somas destinadas a empréstimos aos agentes, para ser empregadas na compra de ações, saíam vertiginosamente nesses anos. Em 1920, não superavam 1 bilhão de dólares; em 1926, já haviam subido, mas não além de 2 bilhões; e, mesmo tendo sofrido um golpe repentino em 1927, no fim de 1928 foram superiores a 6 bilhões de dólares. Nunca os bancos haviam procedido a endividamento dessas dimensões e, o que é pior, aumentando somas não destinadas a criar bens, mas apenas nominalmente ligadas aos bens reais – as indústrias cujos nomes os papéis repetiam. Esse dado (a amplidão despropositada do crédito concedido aos operadores da bolsa) é um elemento essencial para se terem claras as causas e as conseqüências do *crash** de 1929. É também um dado-chave, considerando-se a dimensão dos interesses em jogo, que explica a energia e os meios com que os ambientes dos corretores, dos financistas e dos bancários sustentavam a euforia que se alastrava, e combatiam quem quer que se arriscasse a ver a situação negra e antecipasse a corrida ao abismo.

Porque sinais premonitórios não faltaram. "Somos, como um homem que corre de bicicleta", declarou lucidamente um perito na matéria em 1928. "Temos de andar sempre para a frente, a toda velocidade: se reduzirmos a marcha, acabaremos no chão." Ainda mais explícita foi a advertência de Roger Babson, um nome sério da estatística econômica: "Cedo ou tarde haverá um *crash*, e será terrível: as fábricas fecharão as portas, os homens serão postos na rua. O círculo vicioso se fechará e se criará uma grave depressão econômica". O banqueiro Paul

Warburg também previu meses antes uma grande depressão no país, caso a "orgia especulativa" no mercado financeiro não parasse. Wall Street reagia, cobrindo homens como Babson e Warburg de desprezo e injúrias: "Quando uma inteligente multidão de peritos se declara tranqüila e confiante, quem é o homem de uma sabedoria tão ilimitada que se autoriza a pronunciar juízos opostos?" Os meios financeiros reagiram também com a corrupção: foram muitos, em 1929, os jornalistas que, não se contentando mais com a adulação e com as pequenas facilidades que já rodeavam anteriormente seu trabalho, pediam friamente dinheiro vivo para publicar as notícias destinadas a manter todos na ilusão, em particular no lançamento de alguma ação especial.

The New York Times, o único jornal que se manifestava havia vários meses com advertências sobre a banalização do mercado financeiro, no dia anterior à quebra da bolsa de valores fez a seguinte constatação: "Jogar no mercado de ações se tornou o maior passatempo norte-americano". Afinal, todos compravam títulos na bolsa. Aos especuladores profissionais aliaram-se pessoas que até então nunca haviam se interessado pelo movimento de títulos: datilógrafas, cabeleireiros, garçons, motoristas, caseiros, etc. Pouquíssimas pessoas podiam prever que aquele jogo era irreal.

Um caso curioso ilustra a banalização do mercado financeiro. Conta-se que, uma semana antes da "quinta-feira negra", o milionário John D. Rockefeller ouviu uma dica "quente" sobre o sobe-e-desce das ações de ninguém menos que seu engraxate. No mesmo dia, Rockefeller ordenou a venda de boa parte de seus papéis, dizendo que "se o garoto que lustra seus sapatos está sabendo tudo sobre o mercado, então há algo muito errado acontecendo".

A realidade começou a entrar bruscamente na bolsa de valores no dia 21 de outubro de 1929, uma segunda-feira. Escreveram-se milhões de palavras para responder à pergunta: por que exatamente naquele dia? Palavras inúteis. Foram, provavelmente, causas pouco importantes: a indicação de que o Departamento de Comércio tentava levantar 100 mil dólares de fundos públicos para um assentamento, ou, quem sabe, alguns pontos de queda nas ações da General Electric – antes sólidas –, ou ainda a notícia da falência de uma vasta especulação sobre terrenos na Flórida. De qualquer modo, o ponto não era esse: o balão inflado da bolsa teria de estourar um dia, inevitavelmente. É secundário que o alfinete destinado a provocar o furo tenha aparecido naquela segunda-feira. Poderia ter sido na sexta-feira anterior ou na terça-feira seguinte. Mas aconteceu exatamente em 21 de outubro de 1929.

Nesse dia, foram vendidos 6 milhões de ações, uma cifra muito elevada, mas, em si, não dramática. Só que as vendas aconteceram em baixa contínua. Salvo por uma tendência contrária no fim do dia (graças à qual se fechou um pouco acima dos pontos mínimos atingidos antes), ao término das operações os valores estavam todos em baixa. O jornal *The New York Times* sintetizou geladamente que "Wall Street se prepara para ver a verdade das coisas: estamos juntos no começo do fim". Os meios financeiros replicaram com uma histórica série de declarações do já citado economista Irving Fisher: "As perdas foram benéficas, porque atingiram, eliminando-o, o prazer neurótico de alguns especuladores incapazes. Na realidade, os preços das ações ainda não estão à altura do seu valor real. Prevejo que subirão mais". No dia seguinte, terça-feira, os preços, contrariando a previsão do professor Fisher, não subiram. Houve apenas uma contenção da tendência à baixa. No mesmo dia, publicaram-se declarações tranqüilizadoras do conselho de bancos e da Reserva Federal (Federal Reserve): a situação é "fundamentalmente sã" e, "ajustados alguns desequilíbrios, vai corrigir-se por si mesma".

Na quarta-feira a situação não se corrigiu: fizeram-se milhões de vendas, a preços sempre declinantes. A datilógrafa, o empregado, o garçom (e, naturalmente, os especuladores maiores) receberam, naquela noite, dos respectivos corretores de câmbio, um telegrama: que os clientes tivessem a gentileza de procurá-los com dinheiro vivo, já que seus títulos haviam perdido cerca de 10% da cotação e o agente, portanto, tinha em mãos uma ação que valia pouco menos do que a soma pela qual se havia exposto, ao comprá-la. O dia seguinte, 24 de outubro, foi a famosa "quinta-feira negra". O primeiro dia que, na história do *crash* de Wall Street, é indicado como de pânico. Foram postos à venda mais de 13 milhões de ações. E, infringindo pela primeira vez o clássico lugar-comum da bolsa, segundo o qual "para cada vendedor há sempre um comprador" (ainda que com uma oferta inferior ao valor precedente do título), muitos pacotes de ações não encontraram compradores.

Às 11h30 daquela "quinta-feira negra", Wall Street estava tomada pela loucura. A multidão fazia fila no setor reservado ao público e densos aglomerados se reuniam do lado de fora do edifício. A massa de títulos que passavam freneticamente de mão em mão era tal que o *ticker-tape* (a fita de teleescrevente que registra cada passagem de propriedade e, conseqüentemente, cada variação de título) se mantinha dramaticamente atrasado: o público começava a perceber que a diminuição pela qual os proprietários arrancavam os cabelos já estava desatualizada mais de uma hora, e as ações, cujo valor aparecia bastante diminuído na fita, já se haviam precipitado há tempos para valores ainda mais baixos.

Ao meio-dia veio a ordem de suspender os contratos. Naquela hora, os homens mais poderosos das finanças norte-americanas (presidentes de bancos, dirigentes de bolsa, financistas e grandes acionistas) reuniram-se em caráter de emergência nos escritórios da J. P. Morgan & Co. A reunião durou aproximadamente duas horas. No final, decidiu-se assentar 30 milhões de dólares para um "sustento organizado". Dissolvida a reunião, Richard Whitney, vice-presidente da bolsa entrou na sala de transações de Wall Street e, lentamente, para que todos o notassem, aproximou-se da banca onde se viam os títulos metalúrgicos. Pediu 10 mil ações da Steel Corporation (a maior indústria norte-americana do aço), que abriria a 205,5 de manhã e estava, naquele momento, a 193,5, e ofereceu 255 dólares por ação. Continuou, depois, o seu giro, adquirindo vistosamente grandes quantidades de uma quinzena de ações-chave. Os resultados foram positivos: entre o público, espalhou-se a convicção de que "os banqueiros salvam a bolsa" e isso trouxe um pouco de confiança. No fechamento, os valores haviam, no geral, subido até os mínimos, embora houvessem perdido, em média, 12 pontos no índice industrial. Entre sexta-feira e sábado houve pequenas quedas. No domingo, apareceram artigos tranqüilizadores nos jornais e severos sermões foram proferidos nas igrejas: o *crash* da bolsa era a "punição divina" para os que haviam perdido de vista os valores espirituais e haviam-se embrutecido na busca da riqueza terrena. Os nova-iorquinos acharam justas as prédicas e arrependeram-se um pouco. Mas também pensaram que a cólera divina já devia ter acalmado e que, no dia seguinte, segunda-feira, haveria uma fabulosa corrida para a aquisição de ações, pois elas já haviam caído tanto que sua compra se tornara conveniente. Assim, astutamente, decidiram que lucrariam vendendo a preços um pouco maiores as suas reservas de títulos.

E muitos pensaram a mesma coisa. Na segunda-feira, 28 de outubro, à abertura da bolsa, os agentes foram obrigados a lançar no mercado quantidades não habituais de ações postas à venda. Foi outro dia terrível: comerciaram-se mais de 9 milhões de títulos, menos que na "quinta-feira negra", mas com perdas ainda mais graves. No fim do dia, a GE havia perdido 48 pontos, a Westinghouse, 34. E não houvera nenhuma alta no fechamento. À tarde, os banqueiros se reuniram mais uma vez e discutiram longo tempo. Naquele dia, porém, nenhum Whitney saiu para comprar milhares de ações com milhares de dólares, para reerguer as cotações. O que os banqueiros fizeram foi divulgar um comunicado no qual afirmava-se que "não está no propósito dos bancos manter um determinado nível de preços ou proteger determinados lucros"; dali em diante, sua intervenção consistiria apenas em "favorecer um mercado ordenado, no qual as propostas de vendas encontrem ofertas de compra a um certo preço". Ao preço determinado pelo mercado, ou seja, a preços continuamente decrescentes.

Galbraith definiria, mais tarde no seu livro *1929 – O Colapso da Bolsa*, como "congelante" a fórmula divulgada pelos banqueiros, que, dali em diante, deixaram que os preços ruíssem. E ao público, que havia investido na bolsa suas economias e as via desaparecerem, ofereciam como único consolo a garantia de que sua ruína se realizaria de modo "ordenado" e digno. Inutilmente o milionário Rockefeller, de 90 anos, para galvanizar o mercado, assegurou que ele e seu filho, "convencidos da solidez das condições do país, continuariam a comprar todos os dias boas ações ordinárias". "Eu bem que acredito", comenta o cômico Eddie Cantor na rádio. "Quem mais ainda tem dinheiro, além deles?"

Assim amanhece a *black Tuesday*: depois da quinta, a "terça-feira negra". Nesse dia se completa o *crash*. Se na semana anterior haviam pagado os inocentes (o grande público, os novatos da bolsa), naquele momento caíram, um após outro, os profissionais do jogo de ações, os grandes especuladores, os poderosos, os bancos e as próprias indústrias. Somente nesse dia, esvaíram-se como fumaça valores da ordem de 14 bilhões de dólares. Os corretores tentaram, em vão, reclamar dos pequenos clientes a "cobertura total" dos títulos que haviam perdido, em muitos casos, mais de 90% do valor.

A senhorita Anne Pearson, empregada numa joalheria na Broadway, foi encontrada pendurada a uma trave do teto da loja: a seus pés, os certificados de aquisição de compras de ações por 60 mil dólares, com o recibo do pagamento de 6 mil dólares e o telegrama com que seu agente de câmbio lhe impunha o pagamento, "no mesmo dia", dos 54 mil dólares restantes. O desespero fez 11 suicídios se consumarem naquele mesmo dia 24 de outubro de 1929. Dois investidores, com contas conjuntas, jogaram-se de mãos dadas do último andar do Hotel Ritz. O fato virou piada. Na entrada, porteiros do hotel brincavam: "Quer um quarto para dormir ou se matar?" Todavia, as estatísticas de Nova York desmentem a lenda: não se registrou em outubro e novembro daquele ano aumento dos índices de suicídios; houve, sim – mas devido à depressão e não ao *crash* de Wall Street –, suicídios em número mais elevado e crescente nos anos duríssimos que se seguiram, entre 1930 e 1932. O que não quer dizer que teriam podido atender ao apelo dos agentes. Como a senhorita Pearson, toda a riqueza deles consistia apenas nos folhetos de papel daquelas ações e eles não podiam, materialmente, desembolsar o montante de um valor nominal que, em 90% dos casos, não passava, a partir de então, de um grande débito.

Não recebendo nada, os corretores não puderam, portanto, restituir o dinheiro aos banqueiros, que, por sua vez, precisavam desse dinheiro porque seus clientes reclamavam seus depósitos de repente, ou porque tinham débitos a saldar, ou ainda, no clima de pânico, simplesmente por desconfiança. Era um círculo vicioso.

E, entre outras, desabaram também as ações de negócios estáveis. A explicação para esse fato aparentemente anômalo é fácil, embora um pouco complexa. Tentemos esclarecê-la. No mercado, em substância, estão ações que continuam correspondendo a alguma coisa de concreto – ou seja, a uma fração da indústria, casas ou terrenos. Essas ações continuam tendo um valor, embora diminuído. Mas há também ações que não correspondem praticamente a nada. O caso mais típico é constituído pelas sociedades administradoras de capitais (*investments trusts*), que entraram em moda entre 1928 e 1929. As ações desses trustes* correspondiam a particulares de uma sociedade, cuja finalidade era administrar, presumivelmente no interesse dos clientes, ações de terceiros. Tudo seria claro e honesto se cada um dos membros desses trustes tivesse ações de valor proporcional ao dos títulos em seu próprio nome. Na realidade, porém, a quantidade de ações que levavam seu nome era muitas e muitas vezes superior à reserva que os trustes realmente possuíam.

Entre essas ações estavam aquelas que, logicamente, perderam mais; às vezes até 99% do valor. Bancos e grandes financeiras, que precisavam recuperar o líquido, não podiam, portanto, revender as ações das sociedades administradoras de capitais reduzidas a zero; e foram obrigados a liquidar do próprio bolso as únicas ações que ainda "resistiam": as Electric, Steel e Westinghouse – os títulos sérios, digamos.

Assim, devido ao desequilíbrio entre grande oferta e pouca procura, houve uma diminuição generalizada de valor, e foi por isso que o *crash* da bolsa de valores arrastou consigo, além das ações "frias", também as providas de cobertura, e determinou (contra o aparente bom senso) a queda dos títulos industriais abaixo daquilo que era, em frações de ações, o real valor de indústrias, atividades comerciais, terrenos etc.

Depois da "terça-feira negra", a bolsa perdeu ainda mais. A queda dos valores somente encontrou um fim por volta da metade de novembro de 1929. Em menos de um mês os Estados Unidos perderam 60 bilhões de dólares da época em valores acionários. Os valores médios dos títulos industriais mais sólidos reduziram-se de um índice máximo de 692 a pouco menos da metade. Os outros títulos foram reduzidos a pó. Com exceção do Estado, que ganhou (graças à taxa de 2% sobre cada título vendido, o desequilíbrio dos dias negros de Wall Street permitiu-lhe embolsar cerca de 5 milhões de dólares), quem perdeu? Em primeira linha, os pequenos investidores ocasionais; depois, os especuladores profissionais; depois, bancos e banqueiros (entre 1920 e 1930, faliram, nos Estados Unidos, 1.345 bancos; em 1931, fecharam as portas outros 2.298); e, por último, as indústrias. Estas últimas sofreram de imediato dano genérico, devido à restrição do dinheiro circulante e à queda de seu valor de mercado. Mas também sofreram dano específico por uma razão diversa, que as envolveu diretamente na queda: com o altíssimo índice de lucro determinado pela moda louca das operações a crédito, foram muitíssimas as indústrias (em tudo ou, ao menos, em parte) haviam cedido aos bancos e a Wall Street seus capitais, a fim de investi-los na produção. Entre o caminho do cansativo ganho marginal que vem da produção e o ganho seguro e sem cansaço dos 12% em taxas de lucro, haviam escolhido a segunda solução e então estavam liquidadas.

Excluindo-se a indústria e as atividades produtivas, o crash de Wall Street não atingiu individualmente, mais de 1,2 milhão de pessoas (os portadores particulares de títulos), ou seja, menos de 1% da população norte-americana. No entanto, nos meses e anos seguintes, essa quebra envolveria praticamente cada cidadão dos Estados Unidos. Empresas e negócios fechavam-se um após o outro, a atividade se estagnava em todos os Estados e em todos os setores. Em um intervalo de 12 meses, foram à falência 20 mil empresas comerciais, com um passivo de mais de 1,5 bilhão de dólares; no ano seguinte, as falências foram outras 20 mil, com um total de 730 milhões de passivo. Filas em todas as cidades, diante de barracas, onde entidades de beneficência distribuíam pão. Filas diante das sedes do Exército da Salvação, para receber um prato de sopa. Junto das fábricas fechadas, nos campos onde a agricultura definhava por falta de investimentos, os homens se ofereciam publicamente. Alguns traziam cartazes com os dizeres "Trabalho 14 horas por dia por 1 dólar". Os cidadãos do "país da liberdade" se colocavam em fila para obter um trabalho em condições bastante próximas às da escravidão, e muitos dos novos escravos brancos continuavam sem trabalho, apesar de tudo. Os desempregados atingiram a casa dos 13 milhões.

O ano de 1929 ficou, por mais de um decênio, como o símbolo de um bem-estar, de uma felicidade e de uma prosperidade perdidos para sempre. Franklin Delano Roosevelt e os homens da política do New Deal* (Novo Contrato) detiveram a queda do abismo determinada pelos presidentes Calvin Coolidge e Herbert Hoover. Mas nem eles puderam reconduzir o país às condições do mítico 1929. Naquele ano, produziram-se e venderam-se 5,358 milhões de automóveis, cifra que só seria superada em 1953 (5,7 milhões de veículos, mas para uma população muito maior). Entre 1925 e 1929, surgiram 23 mil novas firmas, com um incrível índice de aumento produtivo do país. Só em 1937, o volume material da produção voltou às quantidades de 1929, e o valor dessa produção, em dólares, permaneceu inferior ao de 1929 até 1941. Os desempregados chegaram a 13 milhões em 1934, ou seja, um a cada quatro trabalhadores; e ainda em 1938, uma pessoa a cada cinco estava sem emprego nos Estados Unidos. Entre 1925 e 1929, salários e vencimentos haviam crescido 10% em média, enquanto os preços permaneceram praticamente invariáveis. O poder aquisitivo era bem superior, porque os ganhos tinham de suportar apenas uma incidência mínima de taxas: sobre salários e vencimentos de 4 mil dólares anuais, o fisco descontava somente 5,63 dólares, depois reduzidos a 1,89. Sobre ganhos de 10 mil dólares, o imposto anual era de 120 (depois 66) dólares. Hoover, nulo como profeta e péssimo como homem de Estado enquanto observador da realidade, ativera-se à verdade: os Estados Unidos nunca estiveram tão próximos da eliminação da pobreza. E nunca mais chegariam tão perto novamente.

Que relação teve com a crise de Wall Street a catástrofe que perturbou os Estados Unidos e pôs fim a um certo tipo de capitalismo? A depressão é filha do *crash* da bolsa? Ou, ao contrário, foi ela que o determinou? Ou os dois fenômenos, embora coincidentes no tempo, foram independentes um do outro? Uma resposta definitiva a essas perguntas – causa ou conseqüência? –

ainda não é possível. Economia e história, como disse citando Galbraith, não a fornecem. Enquanto é mais que verdadeiro que as contradições existem, que são evidentes e dramaticamente prejudiciais, a lição dos fatos é que, de Karl Marx até hoje, elas nunca foram suficientemente sozinhas para matar o capitalismo. Na ausência de uma explicação única e segura, existem muitíssimas parciais e hipotéticas. Tentemos relacionar as principais, eventualmente, acompanhando-as com a indicação de seus limites ou das possíveis críticas.

A hipótese de que a paralisação da produção tenha precedido o *crash* da Bolsa de Valores de Nova York foi difundida e sustentada por longo tempo, com o aval de alguns dados. É exato que em junho de 1929 houve uma ligeira flexão produtiva, fazendo baixar em alguns setores, na agricultura, por exemplo, as taxas dos novos investimentos. Mas nenhuma dessas variantes aparecia em proporções que demonstrassem tornar inevitável a depressão: o aparato produtivo do país não estava exaurido, as matérias-primas eram abundantes, a mão-de-obra era bem paga. As condições, portanto, lhes teriam permitido continuar a produzir indefinidamente ao melhor nível de 1929. Não é também verdadeiro que houvesse uma superabundância de dinheiro. Segundo Galbraith:

A explicação por longo tempo aceita, segundo a qual, as pessoas haviam sido induzidas a viver acima de seus meios, porque havia excesso de dinheiro e, portanto, crédito fácil, é manifestadamente absurda: o dinheiro, segundo todos os parâmetros disponíveis, era relativamente escasso por volta do fim da década de 1920. (GALBRAITH, 1972, p. 16.)

A prova disso é a alta taxa dos juros sobre o dinheiro e a prática da compra de ações "a crédito", que só pode ser conseqüência da falta de dinheiro líquido e não de sua superabundância.

Se têm valor esses desmentidos da economia, parece claro que a tese segundo a qual foi a depressão que determinou o *crash* da bolsa é uma invenção das finanças: os banqueiros teriam interesse em endossá-la, porque essa servia para definir como "inevitável" o *crash* de 1929. O mesmo interesse teriam os homens de Wall Street e os expoentes dos sucessivos governos norte-americanos até o New Deal inovador de Roosevelt. Todos eles deviam, de fato, esconder as verdadeiras causas, hoje evidentes, da desastrosa crise da bolsa: a prática da venda de ações a crédito (que Roosevelt fez cessar com os Security Exchange Acts, de 1933 e 1934: quem compra ações deve desembolsar completamente o valor da bolsa do dia e a margem de transporte, embora excepcional, não pode em nenhum caso superar os 30% do valor das ações adquiridas); o costume de conceder empréstimos praticamente ilimitados, por parte dos bancos, aos agentes da bolsa; a completa ausência de controle das autoridades sobre os índices que deveriam ter sido reveladores (por exemplo, o fato de circular na bolsa um total de ações cujo valor nominal era superior ao dobro do valor da inteira "produção" norte-americana, da qual aqueles papéis deviam ser representativos); a completa omissão das autoridades de todo tipo (governo, dirigentes da bolsa, conselho dos banqueiros). A verdade é que todos os reais responsáveis pelo desastre de Wall Street tentaram, por longo tempo e por todos os meios, associá-lo à depressão. Mas, enquanto a depressão não foi a causa da crise de Wall Street, o inverso é parcialmente verdadeiro: o *crash* do mercado de ações, por motivos psicológicos e por reações em cadeia, foi uma das causas que determinaram ou, ao menos, agravaram a depressão.

A Difícil Recuperação: A Grande Depressão e o New Deal

Avaliar os custos humanos da "grande depressão" é uma tarefa complexa. As dificuldades materiais já eram demasiadamente ruins. Muitas famílias norte-americanas e de imigrantes nos Estados Unidos viam-se obrigadas a morar em barracos construídos com pedaços de madeira e de lata, em carros abandonados ou em casas feitas de papelão, formando favelas que passaram a ser conhecidas como *Hoovervilles* (cidades de Hoover), além de não ter dinheiro para poder comer carne e verduras frescas durante meses, subsistindo unicamente com uma dieta de sopa e feijão.

O fardo psicológico era ainda maior, pois a experiência desses tempos difíceis teve efeitos profundos sobre aqueles valores da cultura política que se encontravam por demais enraizados entre a população. A tradicional "ética do sucesso" norte-americana, por exemplo, viu-se diretamente atingida. As crenças de que era o indivíduo quem controlava o próprio destino e de que qualquer um com suficiente talento e dedicação poderia se tornar um sucesso naquela sociedade foram brutalmente contestadas pela realidade da depressão. Afinal, os norte-americanos enfrentaram tempos de pobreza sem nenhuma esperança à vista. Os desempregados formavam longas filas à espera de um cheque de auxílio-desemprego ou para receber lanches oferecidos por entidades assistenciais. Veteranos de guerra vendiam maçãs ou lápis nas esquinas das ruas, questionando a própria existência humana. Os pobres – negros, pardos, brancos – sobreviveram porque sabiam melhor do que a maioria dos norte-americanos como viver na pobreza. Ficavam na cama durante a estação fria, para manter-se aquecidos e também para não queimar calorias. Remendavam seus sapatos com borracha de velhos pneus, aqueciam somente suas cozinhas, e comiam o alimento que os outros rejeitavam.

A classe média, que vivera sempre com grandes expectativas, foi a que mais sofreu. Muitos profissionais e trabalhadores de escritório recusavam-se a pedir auxílio da caridade pública, mesmo quando suas famílias passavam fome. Os que atrasavam o pagamento de suas hipotecas perdiam suas casas e os cuidados com a saúde se deterioravam, já que as pessoas não tinham dinheiro para pagar as consultas médicas e odontológicas. Até os ricos foram afetados com o peso da culpa de ver antigos amigos e sócios se juntarem às fileiras dos empobrecidos. "Meu pai perdeu tudo" tornou-se o lema bem familiar entre os jovens que tinham de abandonar os colégios. (cf. DIVINE, 1990, pp. 569-70)

Poucos escaparam do sofrimento. Segundo o historiador Marcos Pamplona, o desemprego e o subemprego atingiram desigualmente a classe operária. Clivagens étnico-culturais, raciais e hierárquicas funcionais se fizeram logo sentir. Os trabalhadores negros e os desqualificados foram os primeiros a perder o emprego. Os brancos e os trabalhadores em funções administrativas ou de gerência foram depois. Os imigrantes mexicanos foram deportados aos montes, já que naquele momento os norte-americanos estavam dispostos a pegar no trabalho duro do campo ou trabalhar na colocação dos trilhos de estradas de ferro. Os trabalhos mais desagradáveis, que eram por muitos chamados preconceituosamente de "serviços de negros ou de chicanos", passaram a ser disputados de forma acirrada pelos brancos durante a grande depressão. Mulheres brancas começaram a substituir mulheres negras no serviço doméstico. Houve mesmo certo atraso para a entrada das mulheres em algumas profissões. O desemprego em massa, ou a humilhação que ele representava para muitos homens que haviam sido até então os "provedores do lar", fez com que as mulheres perdessem suas ocupações tradicionais para que os homens pudessem substituí-las nesses cargos, ainda que temporariamente. Isso ocorreu nas profissões do magistério e do clero e nos trabalhos de telefonia e enfermagem – a maioria dessas atividades exercidas, em grande parte, por mulheres na época. (cf. PAMPLONA, 1995, p. 51)

Além dos operários, os fazendeiros endividados viram sua situação piorar. Encontravam-se num impasse, com preços agrícolas muito baixos, uma produção que não diminuíra o necessário e excedentes que não podiam ser exportados devido à pouca demanda interna e externa. Secas, pragas e as quebras dos bancos rurais agravaram a situação. Com dificuldades para o pagamento das hipotecas, perderam-se muitas propriedades. Arrendatários migravam com freqüência e trabalhadores rurais, especialmente os "bóias-frias" – chamados *arkies* ou *oakies* – cruzavam o país para onde quer que houvesse trabalho, desesperados através das colheitas de estação, como forma de não morrer de fome com suas famílias. Algumas dessas imagens foram imortalizadas através da ficção, como no livro *As Vinhas da Ira* (1939), de John Steinbeck. (cf. PAMPLONA, 1995, p. 52)

Nesse aspecto, muitos norte-americanos procuraram escapar se mudando para outras regiões em busca de novas oportunidades. Homens, meninos e algumas mulheres pegavam carona nas estradas de ferro procurando por trabalho, pulando dentro dos carros de carga para seguir para o sul no inverno ou para o oeste no verão. Os que se transformaram em vagabundos tinham de mudar de lugar constantemente para não ser presos por vadiagem, embora costumassem encontrar um sentimento de solidariedade nas favelas que se formavam ao longo das maiores rotas de ferrovias. Nessas favelas, as pessoas encontravam um lugar para dormir, comer, e outras pessoas com quem partilhar sua miséria.

A recuperação da economia norte-americana e, em escala maior, da própria economia capitalista no plano mundial foi lenta e difícil. O chamado "ciclo infernal" da crise (1929-1932) fez incontáveis vítimas. A confiança no sistema abalou-se e, em muitos países, chegou-se à conclusão de que apenas os regimes ditatoriais seriam capazes de superar os problemas gerados. Tal foi o caso, em particular, da Alemanha.

Nos Estados Unidos, importa observar, foi possível a recuperação mantendo-se a democracia. O mesmo ocorreu em outros países afetados pela crise, como a Grã-Bretanha e a França, por exemplo. No entanto, mesmo nesses países, muitas pessoas acreditavam que a melhor solução eram as ditaduras, de caráter totalitário ou autoritário. É preciso considerar, ainda, que a crise de 1929 abalou a crença irrestrita nos princípios do liberalismo econômico. A partir de então, vários governos adotaram medidas de intervenção estatal na economia como forma de superar os problemas gerados pela crise.

Nesse aspecto, destaca-se a amplidão e universalização da crise. O fenômeno se explica pela interdependência da economia capitalista como um todo, através da divisão internacional do trabalho. Apenas a União Soviética, isolada através da política de "cordão sanitário" imposta pelas potências capitalistas durante a década de 1920, escapou dos efeitos da crise. Dessa forma, devido à importância econômica da nação norte-americana, todo o mundo capitalista sofreu seus efeitos. Cada país foi atingido com maior ou menor intensidade, de acordo com sua ligação com a economia norte-americana.

Dentre os principais efeitos mundiais da crise iniciada em 1929 cabe destacar:

- a propagação da crise à Grã-Bretanha, França e principalmente à Alemanha, devido à retirada dos investimentos norte-americanos nesses países;
- o aumento assustador do desemprego. Nos Estados Unidos, como vimos, foram 13 milhões de desempregados; na Alemanha, 6 milhões; na Inglaterra, 3 milhões; na Itália, 1 milhão; e na França, meio milhão de desempregados. Em 1932 havia cerca de 30 milhões de desempregados nos países capitalistas;

• a necessidade de reciclagem das chamadas economias periféricas, que apresentavam um nítido caráter cíclico. Tal foi o caso da economia cafeeira brasileira, por exemplo. A partir de então, os países da América Latina, em especial Brasil, México e Argentina, aceleraram seu processo de industrialização, através de tarifas protecionistas, desvalorização cambial e intervenção estatal;

• a busca de soluções nacionais para a crise, proporcionando, de maneira geral, a contestação ao Estado liberal, feita tanto pelos socialistas quanto pelos nazifascistas. Para os primeiros, o Estado liberal se encontrava a serviço de uma determinada classe social, e a liberdade seria muito mais formal do que real, na medida em que as massas populares estavam excluídas de qualquer tipo de efetiva participação nos centros de decisão. Para os nazifascistas, o Estado liberal, alicerçado nos princípios da liberdade e da democracia burguesa, era incapaz de realizar as grandes transformações preconizadas pelos movimentos nazifascistas. Apenas um Estado autoritário, baseado no unipartidarismo, seria capaz de garantir, inclusive, a própria ordem capitalista, ameaçada pelo avanço das esquerdas. Percebe-se, portanto, que a crítica nazifascista, no fundo, pretendia salvaguardar a própria ordem capitalista.

De 1930 a 1938, as principais democracias ocidentais adotaram medidas políticas excepcionais para fazer frente à crise. Na Grã-Bretanha formou-se o governo nacional (1931-1935), uma coligação entre conservadores, liberais e trabalhistas; na França, de 1935 a 1938, formou-se o governo de frente popular, de radicais socialistas e de comunistas, sob a liderança do socialista Léon Blum.

Nos Estados Unidos, o governo de Herbert Hoover, marcado pela crise e pela depressão econômica que se acentuava, terminou de forma caótica. O presidente e o Partido Republicano persistiram numa política liberal, de não-intervenção, esperando que a economia encontrasse sozinha o caminho da normalidade. Dizia-se que "a prosperidade está na próxima esquina". Além disso, Hoover continuou negando, durante a maior parte do tempo, qualquer auxílio direto por parte do governo federal destinado a amenizar os problemas sociais, por considerar tal prática paternalista e enfraquecedora do individualismo. Críticos do presidente acusaram sua política de ser muito conservadora e de não ter a menor imaginação. Seus defensores diziam que, independentemente dos esforços de Hoover, a depressão tinha de seguir seu caminho natural. Mas milhões de norte-americanos não podiam esperar que o sistema econômico entrasse nos eixos por si mesmo. A depressão provocara não só o desastre financeiro, mas também a perda da dignidade, do *status* e do sentido do respeito humano (cf. SCHLESINGER JR., 1992, pp. 427-8). Muitos pediram uma ação pronta e imediata. Diante dessa situação, todas as sondagens apontavam na direção de uma vitória democrata nas eleições presidenciais de 1932.

O Partido Democrata opunha-se aos republicanos, optando pelo intervencionismo estatal como forma de resolver os problemas econômicos. Com essa bandeira, os democratas ganharam as eleições presidenciais de novembro de 1932, levando à presidência Franklin Delano Roosevelt, que se tornaria o mais popular líder político norte-americano no século 20, tendo sido o único presidente dos Estados Unidos a ser eleito sucessivamente para quatro mandatos (nos anos de 1933, 1936, 1940 e 1944), fenômeno que não deverá se repetir, já que uma emenda constitucional veio a proibi-lo posteriormente.

Nascido em 1882, filho de família nobre, primo e depois sobrinho por afinidade do presidente Theodore Roosevelt (1901-1909), antigo secretário adjunto da Marinha durante a presidência de Woodrow Wilson (1913-1921), Franklin Roosevelt representava o novo Partido Democrata, mais aberto ao mundo urbano e atento às minorias étnicas, tendo-se disposto a adotar todas as soluções, mesmo as contraditórias. Em 1928, Roosevelt fora eleito governador do estado de Nova York, sendo reeleito em 1930. Nesse cargo inovou, adotando uma série de programas de auxílio e combate ao desemprego no estado, tirando vantagem da oportunidade política que a depressão oferecia. Com o descrédito dos republicanos, uniu o Partido Democrata. Depois de ganhar a indicação do partido em 1932, rompeu com a tradição voando para Chicago para aceitá-la pessoalmente, dizendo aos delegados que o aplaudiam: "Eu me comprometo a realizar um 'Novo Contrato' ('New Deal') para o povo americano". Dessa forma, na eleição presidencial de 1932, Roosevelt simbolizou a restauração da esperança, enquanto seu adversário republicano, o presidente Herbert Hoover, tendo decepcionado muitos, não conseguiu a reeleição.

Entre o dia da eleição e o da posse de Roosevelt, a depressão agravara-se. Numerosos bancos faliram em virtude do pânico que se espalhou entre os depositantes, aumentando o estado de alarme – mais de 5 mil bancos haviam sido forçados a fechar, provocando prejuízos de mais de 3,4 milhões de dólares para seus depositantes. Em 4 de março de 1933, dia da posse, os bancos só funcionaram em dois estados. A crise financeira estava no auge. Os mercados da bolsa e dos cereais permaneciam fechados; os negócios, estagnados. Passeatas de pessoas esfomeadas marchavam pelas ruas de Nova York e dos outros importantes centros urbanos, no que parecia uma trágica paródia das cerimônias oficiais que aconteciam em Washington. Os temores gerados pela depressão atingiam seu ponto máximo.

O discurso de posse de Franklin Roosevelt, nesse aspecto, trouxe algum alento para o desiludido povo dos Estados Unidos. Sua segurança e total confiança na capacidade de reação do país traziam um tom revigorante de que a nação, confusa, necessitava. O novo presidente anunciou ousadamente:

Estou certo de que meus concidadãos americanos esperam que, por ocasião do meu início na presidência, eu me dirija a eles com uma sinceridade e uma decisão que a atual conjuntura do nosso país impõe. Este é, entre todos, o momento de falar a verdade, toda a verdade, franca e ousadamente. [...] *Esta grande nação suportará, como já suportou, reviverá e prosperará. Por isso, primeiro que tudo, deixai-me afirmar minha sólida crença em que a única coisa que devemos temer é o próprio medo – o terror sem nome, irracional e injustificado que paralisa os esforços necessários para converter a retirada em avanço. Em todas as horas escuras da nossa vida nacional uma liderança de franqueza e vigor encontrou no próprio povo a compreensão e o apoio essenciais à vitória. Estou convencido de que voltareis a dar esse apoio à liderança nestes dias críticos.* (ROOSEVELT, 1999, pp. 29-30)

A voz encorajadora de Roosevelt pediu medidas imediatas para acabar com o desemprego, para ajudar os agricultores e para conduzir a nação a uma recuperação: "A restauração, contudo, não requer apenas mudanças na ética. Esta nação exige ação, e ação imediata... Precisamos agir, e agir depressa" (ROOSEVELT, 1999, p. 31). Disse então, que, se fosse necessário, convocaria o Congresso em sessão especial para pedir "amplo poder executivo, tão amplo quanto o que me seria de fato concedido se fôssemos, de fato, invadidos por um inimigo estrangeiro". (ROOSEVELT, 1999, p. 33)

Essa vigorosa afirmação do novo presidente e seu estratégico discurso inspiraram confiança e renovaram a esperança no sistema democrático de governo, um tanto abalado pela depressão generalizada. Ao assumir a presidência, em 4 de março de 1933, Roosevelt agiu com a firmeza de que carecia seu antecessor, contando com um grupo de auxiliares apelidado de *brain trust** (grupo dos notáveis ou truste de inteligência), devido ao brilhantismo intelectual de alguns de seus membros. Inspirado principalmente nas teorias do economista inglês John Maynard Keynes, o novo governo combateu a crise através de uma política conhecida por New Deal (Novo Contrato).

Recuperação, reforma, fortalecimento dos setores mais debilitados, como a agricultura, organização do trabalho e maior fiscalização federal do setor financeiro e industrial eram os objetivos da nova política econômica, que nasceu mais em função das necessidades práticas do que propriamente de um planejamento racional e estabelecido *a priori*. Sem estar preso a nenhum dogma nem a nenhuma filosofia rígida, o presidente, dotado de grande senso prático, gostava de experimentar novos caminhos, na tentativa de reconstruir a tão fortemente abalada economia. Seus programas eram múltiplos e variados. "Faça alguma coisa", dizia. "Se der certo, continue. Se não der certo, procure outra solução."

Nos primeiros dez dias de mandato presidencial, Roosevelt buscou sustar a depressão e promover a "restauração da confiança" no sistema, salvando os bancos do país. Para isso, inicialmente, fechou todos e apresentou uma nova legislação bancária que o Congresso aprovou prontamente. Em 9 de março foi promulgada a Lei de Emergência Bancária (Emergency Banking Relief Bill), cujo objetivo era possibilitar a reorganização do sistema bancário e permitir, sob a liderança do Departamento do Tesouro, a reabertura dos bancos após os famosos quatro dias consecutivos de feriado bancário, que haviam sido instituídos pelo presidente para um balanço geral da situação financeira do país. A medida previu a supervisão e a ajuda do governo para os bancos. Os mais fortes reabriram com o apoio federal, os fracos seriam fechados, e os que estivessem em dificuldades seriam socorridos com empréstimos do governo.

Em 12 de março, Roosevelt falou à nação na primeira de suas *Conversas ao Pé da Lareira* (Fireside Chats). Em tom coloquial, disse ao povo o que havia feito, afirmando que o governo, a partir de então, garantiria a confiabilidade dos bancos, para uma audiência estimada em cerca de 60 milhões de pessoas. No dia seguinte, os bancos mais fortes e maiores do país abriram as suas portas e, no fim do dia, os clientes haviam depositado mais dinheiro do que o retirado. A crise bancária passara e antes do fim da semana, o primeiro meio milhão de cartas, do que veio a ser, em breve, uma avalanche perpétua, chegou à Casa Branca, agradecendo apaixonadamente o presidente pela renovação da esperança.

"O capitalismo foi salvo em oito dias", disse orgulhosamente um dos assessores do presidente. O mais surpreendente foi a natureza conservadora das ações de Roosevelt. Em vez de estatizar os bancos, ele simplesmente jogara os recursos do governo em garantia deles e mantivera a propriedade privada. Embora outras medidas do New Deal fossem mais radicais, Roosevelt deu o tom com a solução da crise bancária. Estava disposto a restaurar e reformar o sistema econômico norte-americano, não a mudá-lo drasticamente.

Em 1932, Roosevelt declarara que "o país precisa e, a menos que me engane quanto a seu caráter, exige experiências persistentes e corajosas". Naquele momento, então, o próprio Roosevelt seria o responsável por promover essas experiências. O Congresso foi convocado para uma sessão especial, que durou cem dias, hoje lendários. Numa rigidez de que jamais se mostrara capaz, e que raramente atingiu depois, transformou em leis e em órgãos federais uma série de projetos presidenciais da maior importância.

Dois dos principais programas do New Deal, lançados nos primeiros "cem dias", se destinavam à recuperação industrial e agrícola. O primeiro foi a Administração de Recuperação Nacional (National Recovery Administration, NRA), que visava, como tantas medidas do New Deal, à dupla finalidade de recuperação e reforma. Destinava-se a acelerar a produção industrial, aumentar o número de empregos, reduzir as horas de trabalho e elevar os salários, proporcionar fundos para um sistema de obras públicas e auxílios de emergência; propunha-se, ao mesmo tempo, a eliminar o trabalho de menores, dar novas garantias aos direitos do trabalhador de organizar-se e de entrar em greve, e a reduzir o desperdício da concorrência sem encorajar os monopólios. A seção VII da Lei de Aplicação da NRA obrigava à proteção dos trabalhadores em todos os códigos, estabelecendo o máximo de horas de trabalho, salários mínimos e a garantia de negociação coletiva através dos sindicatos.

Nenhuma companhia seria obrigada a participar, mas o New Deal procurou adesões apelando para o patriotismo. Todas as firmas que tomassem parte no programa poderiam exibir uma águia azul e estampar esse símbolo em seus produtos. Dirigida por Hugh Johnson, a NRA rapidamente obteve a adesão das maiores empresas e sindicatos do país. No decurso de um ano foram adotados cerca de 500 códigos e cerca de mais de 200 estavam em processo de elaboração. Calculava-se que mais de 23 milhões de operários tiveram suas atividades regulamentadas pelos códigos e que mais de 4 milhões de desempregados foram reabsorvidos pela indústria.

Todavia, a NRA logo se enredou num grande atoleiro burocrático, já que os códigos mostraram ser difíceis de aplicar. Reformas foram prontamente introduzidas, mas sem efeitos positivos, e durante 1934 e 1935 a NRA foi atacada com crescente aspereza por todos os lados: pelos grandes homens de negócio, ressentidos com o controle do governo sobre suas relações de trabalho; pelos pequenos homens de negócios, desanimados com o crescimento do monopólio; pelos liberais, que lamentavam a suspensão das leis antitrustes; pelos consumidores, ultrajados com a elevação dos preços; pelos trabalhadores, desapontados com o resultado prático dos códigos; e pelos advogados, que insistiam em que a experiência toda era inconstitucional. Quando o Supremo Tribunal finalmente acabou com a NRA, com base em princípios constitucionais, poucos lamentaram o seu desaparecimento. Assim, chegou ao fim uma lei que o presidente Roosevelt descrevera como "a mais importante e a de mais longo alcance que o Congresso norte-americano jamais promulgou". A idéia de tentar superar a grande depressão através da cooperação voluntária entre empresários concorrentes e os líderes trabalhistas havia fracassado diante dos interesses individuais e da ganância.

Havia também o problema da agricultura. Já na década de 1920, enquanto a renda da maioria dos norte-americanos aumentava, a dos agricultores caía consideravelmente. O problema básico era que na agricultura vigorava a lei da oferta e da procura, ou seja os preços dos produtos agrícolas eram fixados segundo a quantidade e a demanda do produto. Devido à grande produção, os preços caíram drasticamente. Roosevelt viu-se, então, diante de uma contradição: enquanto nas cidades as pessoas passavam fome, comida estava sendo destruída nas fazendas. Enquanto as frutas apodreciam nas árvores, passeatas se postavam em frente à Casa Branca pedindo alguma coisa para comer.

A partir dessa constatação, o presidente e seus conselheiros planejaram a Lei de Ajustamento Agrícola (Agricultural Adjustment Act, AAA), destinada a restabelecer a igualdade entre a agricultura e a indústria, elevando o nível dos preços agrícolas e facilitando o crédito e o peso das hipotecas. Seus dispositivos autorizavam o secretário de Agricultura a fazer acordos com os fazendeiros que, como compensação às subvenções do governo, se obrigavam a reduzir a produção de certos gêneros (trigo, algodão, milho e outros produtos importantes). As reduções seriam efetuadas mediante arrendamento do governo de terras retiradas ao cultivo ou por pagamento de auxílios sobre restritos quinhões formados. O custeio desses pagamentos seria atendido através de taxas sobre o preparo dos produtos em questão.

Esperava-se que esse plano não só produzisse pagamentos em espécie, mas também elevasse o nível dos preços de todos os produtos agrícolas e, nessa expectativa, os lavradores se apressaram em habilitar-se às subvenções. No conjunto, os grandes fazendeiros se beneficiaram mais do programa. Dispondo de capital para comprar maquinário e fertilizantes, puderam aproveitar de forma mais eficiente e produtiva uma área menor. Os pequenos arrendatários ou meeiros não se deram tão bem, recebendo muito pouco dos pagamentos do governo e às vezes sendo despejados da terra pelos proprietários que as retiravam da produção para receber o subsídio.

O Supremo Tribunal considerou inconstitucional a experiência da AAA em 6 de janeiro de 1936, mas o Congresso a reviveu de forma modificada naquele ano e em 1938. O resultado do New Deal na agricultura foi apressar a sua transformação num negócio no qual só os eficientes e bem capitalizados poderiam prosperar.

Uma das medidas mais bem-sucedidas e duradouras do New Deal foi a criação da Superintendência do Vale do Tennessee (Tennessee Valey Authority, TVA). Esse esforço inovador em planejamento regional resultou na construção de uma série de represas em sete estados (Virgínia, Carolina do Norte, Carolina do Sul, Kentucky, Alabama, Geórgia e Tennessee), no curso do Rio Tennessee, para controlar inundações, facilitar a navegação fluvial e gerar eletricidade. Esta última medida produziu energia barata e abundante que ajudou a transformar o sul superior, flagelado pela pobreza, numa região industrial relativamente próspera. Enquanto algumas pessoas consideravam a TVA como uma ameaça à iniciativa privada, para a maioria dos norte-americanos ela era um caminho audacioso e original para tratar de um dos problemas regionais mais sérios que naquele momento afetavam o país.

O New Deal foi bem-sucedido ao enfrentar o problema mais imediato da década de 1930: ajudar os milhões de cidadãos desempregados e necessitados. Roosevelt, que nunca partilhou do desdém de Hoover pelos programas de ajuda federal direta, trouxe o antigo assistente social Harry Hopkins para dirigir os programas de assistência. Hopkins incentivou esses projetos, por considerar que o governo deveria colocar os desempregados no trabalho, não somente para encorajar o amor-próprio, mas também para permitir que tivessem poder aquisitivo para comprar bens de consumo, estimulando assim a economia como um todo.

Um dos primeiros órgãos federais voltados para essa questão foi o Corpo de Conservação Civil (Civilian Conservation Corps, CCC) que, entre 1933 e 1941, contratou 2,7 milhões de jovens de 18 a 25 anos para trabalhar no controle da erosão, plantio de árvores, combate ao fogo nas florestas, execução de melhoramentos nas praias e nos parques nacionais e estaduais, construção de represas, controle de mosquitos e outros projetos desse tipo.

A Administração Federal de Auxílio de Emergência (Federal Emergency Relief Administration, Fera) providenciou subvenções federais urgentes, destinando 500 milhões de dólares aos estados e municípios para a criação de empregos e para ajudar os mais necessitados. A medida não funcionou. Então, o presidente criou a Administração de Obras Civis (Civilian Works Administration, CWA) que, entre novembro de 1933 e abril de 1934, criou emprego para 6 milhões de pessoas. Elas trabalhavam em manutenção de estradas e construção de locais de recreio, parques, esgotos e aeroportos – atividades que não se destinavam a competir com a indústria privada, mas sim a instituir projetos públicos para dar ocupação aos desempregados. A Administração de Obras Públicas (Public Work Administration, PWA), outra agência criada em 1933, projetava pontes, barragens e hospitais. A PWA contratava e pagava às empresas privadas para a execução dos trabalhos. Todos os contratos exigiam que fossem empregados também trabalhadores negros, fato que se tornou um precedente para algumas agências federais.

Outra decisão importante foi a Lei de Recuperação da Indústria Nacional (National Industrial Recovery Act, Nira), que rompeu com o tradicional liberalismo econômico norte-americano, intervindo no plano empresarial, desembaraçando-o das leis antitrustes, e em compensação, protegendo pela lei não só os sindicatos mas os consumidores. Esse decreto, juntamente com a promulgação da Padronização da Justiça do Trabalho (Fair Labor Standards Acts), em 1938, visava desenvolver a produção, reduzir a jornada de trabalho, aumentar o salário estabelecendo o salário mínimo, e proibir o trabalho de menores. Essas medidas acarretaram na atenuação da concorrência, evitando a queda de preços dos produtos industriais.

À medida que vários desses organismos vão desaparecendo, conforme o prazo fixado pela lei, são substituídos por outras administrações, formadas segundo o mesmo modelo. A Administração do Progresso dos Trabalhos (Works Progress Administration, WPA) data de 1935, tendo sido a sucessora da Fera e da CWA, e fornecia trabalho tanto para os especializados quanto para os peões. Também tentou manter vivos o talento e a capacidade dos artistas, atores e escritores, pagando-lhes para praticar sua arte. Em novembro de 1938, quando o programa atingiu seu pico, cerca de 3,3 milhões de pessoas constavam de sua folha de pagamento. Quando a WPA terminou em 1941, já havia providenciado trabalho para 8 milhões de pessoas. A Comissão de Seguros e Bolsa (Securities and Exchange Commission, SEC), presidida por Joseph Kennedy (pai do futuro presidente John Kennedy), passou a regulamentar as operações da bolsa de valores. A Administração de Eletrificação Rural (Rural Electrification Administration, REA) recebeu a tarefa de eletrificar as zonas rurais. A Administração Nacional da Juventude

(National Youth Administration, NYA) tratou do desemprego dos jovens, pagando a mais de 500 mil estudantes pelo trabalho parcial em livrarias ou como ajudantes de pesquisa. Outros 1,5 milhão de estudantes do ensino superior recebiam igual ajuda de custo, suficiente para mantê-los nas escolas e longe do trabalho operário. O Comitê Nacional das Relações Trabalhistas (National Labor Relations Board, NLRB) foi o responsável pelo controle do processo de negociações trabalhistas.

Em 1935, o enfoque do New Deal mudou da assistência e recuperação para as reformas, tendo o período sido marcado pelo aparecimento de um movimento sindical ativo. A Lei Wagner (Wagner Act), de 1935, que concedia total liberdade sindical, retirando as organizações trabalhistas da tutela dos patrões, suscitou a organização do Comitê para a Organização Industrial (Congress of Industrial Organizations, CIO) que, ao contrário da Federação Americana de Trabalho (American Federation of Labor), congregava sobretudo os operários não qualificados das minas de siderurgia e da indústria automobilística. O número de operários sindicalizados passou de 3 milhões em 1934 para 8 milhões em 1938. Através da ampla utilização das greves, o novo sindicalismo se impôs, mas irritou profundamente os empresários, que começaram a censurar o governo central. Nesse período, Roosevelt começou a sentir o peso da oposição quando tentou, em 1937, inutilmente, reformar o Supremo Tribunal, que tinha se mostrado hostil aos programas NRA e AAA por julgá-los inconstitucionais.

Dessa fase se destacou também a Lei da Previdência Social (Social Security Act) que, instituída em 1935, criou o seguro contra o desemprego, velhice, doenças e acidentes, tendo sido responsável por lançar as bases do *welfare state* (Estado de bem-estar social), que iria caracterizar todos os países avançados depois da Segunda Guerra Mundial. Além disso, foram criadas ainda uma série de leis sobre o aluguel, os seguros bancários, os impostos, a extração do carvão etc. Cada medida envolveu a criação de secretarias, comitês e serviços para assegurar a aplicação da lei. Era como se o país procurasse compensar seu atraso em relação às pesadas administrações européias.

Portanto, conforme observado, o New Deal não se propunha a realizar nenhuma mudança nas bases no sistema econômico. Os elementos fundamentais do capitalismo* foram preservados, como a propriedade privada dos meios de produção e de distribuição e o sistema de lucros. Assim, a finalidade principal do New Deal não foi transformar o capitalismo, mas preservá-lo.

Por fim, cabe destacar que o New Deal alcançou resultados positivos para a economia norte-americana, e a superação da crise só não se efetuou com maior eficiência porque o programa de recuperação do governo nunca alcançou as proporções necessárias para estabelecer o pleno emprego. O programa proposto, através da revolucionária legislação do New Deal que foi aplicada num ritmo febril, principalmente nos primeiros dois anos do governo Roosevelt, esbarrava nas acusações vindas do meio empresarial, assustado com as atividades governamentais além de seus limites tradicionais, e dos republicanos, que rotularam de "comunista" a política do presidente.

Assim, os efeitos econômicos da depressão da década de 1930, apesar de minorados pelo New Deal, só foram superados com o início da Segunda Guerra Mundial, quando o intervencionismo do Estado na economia foi muito mais efetivo e a possibilidade de exportações norte-americanas ampliou-se. A guerra constituiu-se, dessa forma, na saída "natural" para a maior crise do sistema capitalista, tendo possibilitado uma redivisão de mercados e uma retomada do crescimento industrial.

Fila de famílias esperando por ajuda financeira. Diversos programas de ajuda social foram criados pelo governo dos Estados Unidos a partir de 1933. © Governo Federal dos Estados Unidos

RELATOS: UM REDEMOINHO DE TRAGÉDIAS

A Crise de 1929 e os Efeitos da Grande Depressão Econômica nos Estados Unidos

O *crash* da Bolsa de Valores de Nova York, em 1929, e a grande depressão econômica que se seguiu, foi um dos raros acontecimentos em que a história é contada do ponto de vista dos perdedores. Afinal, conforme observou John Kenneth Galbraith, no livro *1929 – O Colapso da Bolsa*, "*perder o reino, morrer envenenado ou por um amor impossível é nobre; já perder dinheiro é burguês demais para merecer um relato épico*".

Apesar da observação acima expressa pelo eminente especialista, os acontecimentos que envolveram o *crash* da Bolsa de Nova York suscitaram uma série de lendas e mitos no imaginário dos norte-americanos. Dentre os mais notórios, destacam-se aqueles que relatam a rapidez com que os especuladores, em bancarrota, se dispunham a terminar com tudo, através de um método suicida particularmente anti-social: pular de um arranha-céu. Na realidade a taxa de suicídios permaneceu dentro da média, tendo sido raros os casos de financistas que se jogaram do alto de um prédio.

Dos suicídios – e suas tentativas – mais divulgados pela imprensa da época, destacaram-se os seguintes casos.

Um homem pulou de uma ponte sobre o Rio Schuylkill, mas mudou de idéia sobre as vantagens de uma morte prematura logo que tocou na água e foi ajudado a alcançar a terra firme. Em outro caso, o diretor executivo da Companhia de Gás e Eletricidade de Rochester decidiu escolher o gás que dava nome à sua firma para se matar.

O suicídio de J. J. Riordan, diretor de uma companhia de investimentos, o County Trust, no entanto, foi o que recebeu maior cobertura da imprensa. Matou-se com um tiro, na sexta-feira, 8 de novembro, e seus colegas, temendo o pânico dos depositantes, retiveram a notícia até o meio-dia de sábado, quando o banco fechava para o fim de semana. "Houve uma longa vigília", escreveu Gallbraith, "durante a qual as importantes personagens em luto mantinham um olho no corpo e o outro no relógio." O funeral foi impressionante, mas ninguém tinha certeza se seus amigos demonstravam respeito ou alívio por sua morte não lhes ter dado motivos para seguir-lhe o exemplo. Essa tática e mais uma auditoria apressada, que revelou que os fundos estavam intactos, impediram a ruína do banco.

Os efeitos da crise de 1929 nos Estados Unidos não se limitaram apenas ao suicídio de banqueiros, investidores capitalistas e magnatas da alta sociedade, mas podem ser constatados, principalmente, a partir da leitura da situação degradante vivida pelo povo norte-americano, a grande massa de desempregados, durante a grande depressão econômica da década de 1930.

O jornal *The New York Times* descreveu em vários artigos como a depressão econômica traumatizou as pessoas e transformou o cotidiano da massa de desempregados dos Estados Unidos, conforme demonstra o seguinte excerto selecionado:

Uma das impressões mais vivas que ficam de uma visita às filas e às salas de espera das agências de emprego é o silêncio que nelas reina. Os homens se apóiam contra o muro na espera de sua tigela de sopa. E se um deles fala a seu vizinho imediato, é quase cochichando e se exprimindo por monossílabos. Depois os seus olhos voltam-se para o chão e ele rumina seus pensamentos. Então o observador experimenta fortemente o sentimento de uma catástrofe coletiva, de uma depressão tão grande que o deixa mudo e tão inexplicável que ele não tem nada a dizer. Eles ficam de pé e esperam. Esperam interminavelmente a sopa, o trabalho, uma cama, sempre sabendo que terão de esperar de novo no dia seguinte. (*The New York Times. In*: DENIS, Y. *et alli. Le monde d'aujourd'hui.* Paris, s/d. p. 36.)

Em outra matéria, o jornal destaca a criação de "novos empregos" para tentar amenizar o nível alarmante atingido pela situação de desemprego no país:

Milhares de nova-iorquinos descobriram novas maneiras de viver e novos meios de ganhar a vida desde que sua existência, outrora tranqüila, se achou perturbada pelo desemprego e por situações semelhantes.

Empregos e tarefas que antigamente eram desprezados tornaram-se, de repente, muito procurados. [...] *Segundo os serviços da polícia, há perto de 7.000 engraxates que ganham atualmente a vida nas ruas de Nova York. Há três anos eram raros, quase inexistentes.* [...] *É também na rua que se encontra um exército de novos vendedores que oferecem de tudo, desde grandes balões até gravatas de baixo preço.* (*The New York Times*, 5 de junho de 1932.)

Em 1932, a Câmara dos Deputados dos Estados Unidos investigava a questão do desemprego. Várias audiências foram realizadas perante um subcomitê da Comissão de Assuntos Trabalhistas. O documento abaixo é um dos vários depoimentos prestados nessas audiências e registra de uma forma dramática as repercussões da grande depressão. Através dele pode-se perceber como a crise afetou vários setores da economia simultaneamente. Afinal, com a crise da Bolsa de Valores de Nova York, os investimentos se retraíram, havia menos dinheiro para gastar, fábricas fecharam, muitos perderam seus empregos e conseqüentemente, sem poder consumir, contribuíram para reduzir ainda mais a procura. A reação das autoridades foi obrigar os norte-americanos a apertar os cintos. Assim foi feito, e os fazendeiros perceberam que ninguém tinha meios para comprar os alimentos que haviam produzido:

Durante os últimos três meses, eu, Oscar Ameringer, de Oklahoma City, visitei, como já disse, uns vinte estados deste belo país extraordinariamente rico. Eis algumas das coisas que vi e ouvi. Alguns cidadãos de Montana disseram que havia milhares de alqueires de trigo abandonados nos campos porque seu baixo preço mal dava para cobrir as despesas da colheita. Em Oregon, vi milhares de alqueires de maçã apodrecendo nos pomares. Somente as maçãs absolutamente perfeitas podiam ser vendidas, por 40 ou 50 centavos a caixa de duzentas maçãs. Ao mesmo tempo, há milhões de crianças que, por causa da pobreza de seus pais, não comerão maçã nesse inverno. Enquanto estava em Oregon, o Portland Oregonian lamentava o fato de milhares de ovelhas serem sacrificadas pelos criadores por não renderem no mercado o suficiente para pagar seu transporte. Enquanto em Oregon os urubus comiam carne de carneiro, vi pessoas procurando restos de carne nas latas de lixo de Nova York e Chicago. Conversei com um homem num restaurante em Chicago. Ele me falou de sua experiência como criador de carneiros. Disse que no outono tinha sacrificado e atirado ao canyon 3.000 carneiros, porque o transporte de um carneiro custava 1,10 dólar e lucraria menos de 1 dólar por cabeça. Disse que não tinha recursos para alimentar os carneiros e não queria deixá-los morrer à míngua. Por isso, cortava-lhes o pescoço e os atirava no canyon.

As estradas do oeste e do sudoeste pululam de pessoas famintas pedindo carona. As fogueiras dos acampamentos dos desabrigados são visíveis ao longo de todas as estradas de ferro. Vi homens, mulheres e crianças caminhando penosamente pelas estradas. A maioria deles [...] *eram proprietários de fazendas que tinham perdido tudo na recente baixa de preço do trigo e do algodão* [...]

Os fazendeiros estão sendo pauperizados pela pobreza das populações industriais e as populações industriais pauperizadas pela pobreza dos fazendeiros. Nenhum deles tem dinheiro para comprar o produto do outro: conseqüentemente há excesso de produção e carência de consumo, ao mesmo tempo e no mesmo país. (Depoimento de Oscar Ameringer. Audiências perante um subcomitê da Comissão de Assuntos Trabalhistas. Câmara dos Deputados, 72° Congresso, Primeira Sessão, 1932.)

Quando Franklin Roosevelt assumiu a presidência, a nação via-se diante da mais severa crise econômica de sua história. Praticamente todos os bancos do país estavam fechando; havia, pelo menos, 13 milhões de desempregados; muitas indústrias tinham virtualmente cessado de operar; e a economia agrícola atingira o ponto mais baixo de todos os tempos. O primeiro discurso de posse de Roosevelt, em 4 de março de 1933, foi um presságio da robusta e corajosa liderança que seria a marca autêntica de toda a sua administração. Os excertos selecionados do discurso mostram a avaliação que o novo presidente fez da situação de crise e depressão econômica nos Estados Unidos, assim como aponta as principais diretrizes e ações que teriam, a partir daquele momento, de ser tomadas para restabelecer todos os setores da economia, o emprego e, principalmente, a confiança nos valores democráticos liberais:

Com tal espírito de minha parte e da vossa encararemos nossas dificuldades comuns. Elas só dizem respeito, graças a Deus, a coisas materiais. Valores caíram para níveis fantásticos; as taxas subiram; nossa capacidade de pagar degringolou; os governos de todas as espécies fazem frente a uma séria redução da renda; os meios de troca estão congelados nas correntes do comércio; as folhas murchas do empreendimento industrial despencaram; os lavradores não encontram mercados para seus produtos; as poupanças de muitos anos, em milhares de famílias, já se foram.

E, o que é mais importante, grande quantidade de cidadãos desempregados vê surgir à sua frente o problema sinistro da existência, e em número igualmente grande labuta com escassa remuneração. Só mesmo um tolo otimista negaria as escuras realidades do momento presente.

Nossa aflição, todavia, não vem de nenhuma falha essencial. Não nos assola nenhuma praga de gafanhotos. [...] *A abundância está à nossa porta, mas o uso generoso dela se extenua à própria vista da provisão. Isso acontece, em primeiro lugar, porque os que governam a troca dos bens da humanidade falharam, mercê da própria teimosia e da própria incompetência, admitiram o seu fracasso e abdicaram. As práticas dos inescrupulosos cambistas estão indiciadas no tribunal da opinião pública, rejeitadas pelos corações e pelas mentes dos homens.*

[...] *Diante da falência do crédito, só souberam propor novos empréstimos.*

Despidos do fascínio do lucro com que pretendiam induzir nosso povo a seguir-lhes a falsa liderança, recorreram a exortações, implorando lacrimosamente a confiança restaurada. Só conhecem as regras de uma geração de egoístas. Não têm visão, e quando não há visão o povo perece.

Os cambistas fugiram de suas altas cadeiras no templo da nossa civilização. Podemos agora devolver o templo às antigas verdades. A medida da restauração encontra-se na extensão em que aplicamos os valores sociais mais nobres do que o simples lucro monetário.

A felicidade não reside na mera posse do dinheiro; reside na alegria da realização, na emoção do esforço criador. A alegria e a estimulação moral do trabalho já não devem ser esquecidas na louca perseguição dos lucros evanescentes. [...]

O reconhecimento da falsidade da riqueza material como padrão de êxito caminha de mãos dadas com o abandono da crença falsa de que o cargo público e a alta posição política devem ser avaliados apenas pelos padrões do orgulho e do lucro pessoal; e é mister pôr fim a um proceder nas atividades bancárias e comerciais que têm dado a uma fé sagrada o aspecto de um erro empedernido e egoísta... [...]

Finalmente, em nosso progresso para a retomada do trabalho, precisamos de duas salvaguardas contra um retorno dos males da velha ordem; é preciso que haja uma rigorosa supervisão de todas as atividades bancárias, de crédito e investimentos; é preciso que acabe a especulação com o dinheiro dos outros, e é preciso que haja provisão de uma moeda adequada, mas sólida. (ROOSEVELT, 1999, pp. 30-1.)

AS REPERCUSSÕES MUNDIAIS DA CRISE DE 1929

A grande depressão econômica, iniciada pelo *crash* da Bolsa de Valores de Nova York, propagou-se também pela Europa. As economias da Europa central, que desde a Primeira Guerra Mundial dependiam em larga escala de empréstimos e investimentos norte-americanos, viram-se, então, às voltas com a cobrança dos empréstimos a curto prazo e com a falta de dólares para investimentos no exterior. Em maio de 1931, por exemplo, o maior banco comercial da Áustria fechou suas portas. O Creditanstalt havia-se declarado insolvente. Banqueiros estrangeiros ofereceram grandes empréstimos para amparar a economia austríaca, mas a falência do Creditanstalt havia posto à mostra a fraqueza dos bancos da Europa central, e começou a corrida às reservas alemãs.

Na Alemanha, o escoamento de divisas já atingia uma taxa sem precedentes quando o marco perdeu a cobertura norte-americana. Uma soma de 50 milhões de libras em ouro e divisas deixou a Alemanha, na primeira quinzena de junho, acompanhada, na terceira semana, de uma soma de 17,5 milhões de libras. O povo e o governo da Alemanha relembraram claramente a terrível crise monetária de 1923, quando os marcos valiam menos do que o papel em que eram impressos. Temendo o pânico, o governo impôs severas restrições ao crédito.

Edgar Mowere, correspondente em Berlim do jornal *Chicago Daily News*, nessa época, descreve o panorama histórico da Alemanha após a Primeira Guerra Mundial, destacando que a crise econômica, o desemprego em larga escala, a inflação e a perda da fé nos valores democráticos e liberais possibilitaram a ascensão dos nazistas ao poder, em 1933, conforme descreve a seguir:

Esses filhos semi-órfãos da desordem, da guerra e da inflação, negligenciados pelos pais, crescendo sem nenhuma assistência, sem nenhum sustento certo, precisam do cuidado especial da sociedade. Em vez disso, eles, os frágeis, os desorganizados, eram as primeiras vítimas do reajuste social. Ao atingirem a idade ativa, não encontravam para o seu desânimo, nenhum emprego disponível. O jovem químico, o engenheiro, o professor, o advogado, o médico, o especialista de qualquer ramo, mesmo o artesão, encontrava o caminho barrado pelo pai ou pelo irmão mais velho. Na luta moral por empregos, que resultava disso, os inexperientes eram inevitavelmente derrotados. E o ódio dos deserdados se avolumava monstruosamente: ódio contra o pai (segundo Sigmund Freud, o mais fundamental de todos os ódios), ódio contra um sistema social que não tinha lugar para sua juventude – um sistema que havia aceito, dos Aliados vitoriosos, um tratado que (de acordo com os nacionalistas) significava inevitavelmente a castração do germanismo. Era um esplêndido material para o radicalismo político. Se não fosse pelo Tratado de Versalhes, esses jovens teriam se voltado, sem sombra de dúvida, contra os beneficiários econômicos do sistema e talvez tivessem tido êxito em dominá-los. Sendo como era, a falta de trabalho para 60% de cada nova turma que se formava na universidade (março de 1932), com mais da metade dos alemães entre 16 e 30 anos desempregada, com um sistema de distribuição de renda que favorecia os desempregados mais velhos à custa da juventude (supostamente) protegida, a jovem Alemanha era, sem dúvida, uma presa fácil para um demagogo patriota.

Um novo grupo, os nacional-socialistas, teve a brilhante idéia de unir o militarismo desejado pela Reichswehr, o ódio anti-republicano dos reacionários, as aspirações anti-socialistas bastante populares nos meios capitalistas com um novo fascismo, generoso e vagamente social. (MOWERE, Edgar. *A Alemanha atrasa o relógio*, 1933)

A crise financeira propagou-se da Alemanha para a Grã-Bretanha. Com o colapso sofrido pelo comércio internacional, muitas fábricas, estaleiros e indústrias foram fechadas, assim muitos trabalhadores ficaram desempregados. Provavelmente, na pior época, havia aproximadamente 30 milhões de pessoas sem emprego no mundo. Em alguns países o desespero dos desempregados, dissimulado pela mera citação das estatísticas, gerava uma situação revolucionária. Mas, um fato curioso: na Grã-Bretanha os desempregados não se tornaram revolucionários; simplesmente se acomodaram, fazendo o possível para tirar o melhor proveito do pouco que tinham, conforme descreve o texto produzido pelo escritor inglês George Orwell em 1937:

Tomei consciência pela primeira vez do problema do desemprego em 1928. [...] *Lembro-me do choque, do espanto que senti, quando pela primeira vez me misturei com vagabundos e mendigos, ao descobrir que uma boa parte, talvez uma quarta parte dessa gente [...], eram mineiros e colhedores de algodão, jovens e honestos, contemplando seu destino com aquele assombro estúpido de um animal que caiu em uma armadilha. Simplesmente não conseguiram entender o que acontecia com eles. Tinham sido criados para trabalhar, e – vejam! – era como se nunca mais fossem ter a oportunidade de voltar ao trabalho. Nessas circunstâncias, era inevitável, no início, que fossem perseguidos por um sentimento de degradação pessoal. Tal era a atitude para com o desemprego naquele tempo: era um desastre que acontecia a você como indivíduo e a culpa era sempre sua.* (ORWELL, 1937. p. 57.)

Ao falar do crescente desemprego que assolava a Grã-Bretanha no período, George Orwell faz um curioso relato sobre o cotidiano dos britânicos durante a depressão econômica:

A vida ainda é bem normal, mais normal do que realmente seria justo esperar. As famílias estão empobrecidas, mas o sistema familiar não se desfez. Com efeito, as pessoas estão vivendo uma versão reduzida de suas vidas anteriores. Em vez de se revoltarem contra o destino, tornaram as coisas toleráveis rebaixando o padrão de vida.

Mas, para baixar o padrão de vida, não suprimem necessariamente os luxos, concentrando-se nas coisas necessárias: mais freqüentemente acontece o inverso – o que, pensando bem, é o modo mais natural. Daí o fato de que, em uma década de depressão sem igual, o consumo de todos os luxos baratos aumentou. As duas coisas que provavelmente fizeram mais diferença desde a guerra foram os cinemas e a produção em massa de moda barata. O jovem que sai da escola aos 14 anos e consegue um emprego sem futuro estará desempregado aos 20, provavelmente para o resto da vida; mas por 2 libras e 10 pence *ele pode comprar a prestação um terno que, por certo tempo e a certa distância, tem a aparência de ter sido feito por um alfaiate de Savile Row. A moça pode parecer uma ilustração de revista de modas por um preço ainda mais baixo. Você pode ter 1 penny e meio no bolso, não ter a menor perspectiva no mundo, e ter somente o canto de um quarto esburacado como lar; mas, com suas roupas novas, você pode postar-se na esquina, dando-se ao luxo de sonhar acordado que é Clark Gable ou Greta Garbo, o que lhe proporciona uma boa compensação. E mesmo em casa há geralmente uma xícara de chá – uma "boa xícara de chá" – e papai, que está desempregado desde 1929, está temporariamente feliz porque tem um palpite bom para as corridas.* (ORWELL, 1937. p. 77.)

Na França, o povo, no início, regozijou-se com sua prosperidade. O franco mantinha-se firme, depois que a libra esterlina e o marco alemão haviam caído. "De nossa parte", diz *Le Figaro*, de 7 de outubro de 1931, "alegremo-nos com nossa economia tímida mas próspera, em contraste com a presunçosa e decadente economia dos anglo-saxônicos." Porém o declínio do comércio internacional não tardou a afetar igualmente a França, segundo recorda Morvan Debesque, ao relatar o que presenciou no país durante a depressão econômica, no início da década de 1930:

Naquele inverno [de 1932-1933] *uma revista teve uma idéia engenhosa. Lançou um* slogan *impresso em um pequeno distintivo de papelão, que todo jovem "bem apessoado, com* it *e enérgico" deveria usar na lapela. Quando se aproxima-se dele um amigo de cara abatida, obviamente prestes a se queixar da Depressão, esse jovem "bem apessoado, com* it *e enérgico" dobraria a lapela e, com um sorriso nos lábios, indicaria o distintivo, onde se leriam as palavras: "Não me fale da Crise". É preciso acrescentar que o distintivo, naturalmente, era tricolor, porque "isso é francês". Assim, por várias semanas – embora não por tanto tempo quanto a mania do ioiô –, o distintivo era a última moda nos teatros, nos coquetéis e nas reuniões, enquanto, nos bancos de jardim e nas estradas de metrô, grupos de jovens exaustos estariam tentando não morrer à míngua. Não sei quantos realmente conseguiram. Só posso dizer o que vi. Na Rue Madame, um dia, vi uma criança deixar cair um doce, alguém pisar em cima, e em seguida o homem que vinha atrás abaixar-se, apanhá-lo, limpá-lo e comê-lo.* (DEBESQUE, 1960. p. 36.)

A lista de relatos sobre a repercussão da crise de 1929 na Europa e na América Latina é imensa, já que o colapso do sistema econômico e financeiro norte-americano semeou o desastre por toda parte do mundo ocidental. Homens qualificados estavam se perdendo, alimento bom estava apodrecendo. Somente a Rússia, independente do sistema financeiro e dos mercados ocidentais, parecia relativamente ilesa. Talvez por isso, segundo relata a revista financeira *Businesss Week*, muitos norte-americanos, no início da década de 1930, tenham se interessado em buscar uma oportunidade de emprego na Rússia, que vivia a euforia do primeiro plano qüinqüenal promovido por Stalin:

Os nova-iorquinos dominam a maré de norte-americanos que decidiram, pelo menos por enquanto, tentar sua sorte com os russos. Pensilvânia, Nova Jersey e Illinois apresentam altas porcentagens de candidatos que atendem ao novo apelo por "6.000 operários qualificados", e Michigan, Ohio, Califórnia e Massachusetts estão bem representados.

O escritório da Amtorg (organização oficial soviética), em Nova York, recebeu mais de 100.000 inscrições para os 6.000 empregos. O total de inscrições de uma manhã, na semana passada, foi de 280. Todos os estados, menos dez, estavam representados. O Alasca e o Panamá forneceram cada um seu candidato, e 18 canadenses queriam tentar a sorte na Rússia [...].

Por ser do conhecimento geral que a Rússia está se industrializando, os candidatos são geralmente especializados em construção de máquinas, estradas de ferro, usinas siderúrgicas, fábricas de automóvel ou indústrias de construção. Basta uma rápida consulta às qualificações de alguns dos 280 candidatos desta manhã "típica" para constatar que técnicos de todos os setores estavam procurando trabalho, mesmo que isso significasse ir trabalhar na Rússia e aceitar pagamento em rublos.

Três razões principais são apresentadas, para desejar o emprego: 1) desemprego; 2) descontentamento com as condições dos Estados Unidos; 3) interesse pela experiência soviética. Os trabalhadores nascidos no estrangeiro declaram, praticamente todos, que pretendem permanecer na URSS. (*Businesss Week.* 7 de outubro de 1931.)

A Grande Depressão Econômica nas Manifestações Artístico-Culturais Norte-Americanas

A grande depressão econômica decorrente da crise de 1929, embora tenha se tornado um assunto tabu na história dos Estados

Unidos, devido ao sofrimento, miséria e humilhação que causou ao povo, não deixou de ser contemplada pelas mais variadas manifestações artístico-culturais norte-americanas. A literatura e o cinema, em especial, buscaram apresentar um retrato do drama vivido por milhares de norte-americanos perante a miséria com a qual passaram a conviver.

No campo da literatura, a obra mais expressiva sobre os efeitos da grande depressão econômica foi, indubitavelmente, o romance de John Steinbeck, *As Vinhas da Ira* (*The Grapes of Wrath*, 1939).

John Steinbeck (1902-1968) nasceu no Vale de Salinas, uma região agrícola do estado da Califórnia, que veio a ser o cenário de muitas de suas estórias. Começou a escrever aos 14 anos e seu primeiro romance, *A Taça de Ouro* (*Cup of Gold*, 1929), uma fantasia fanfarrona, foi publicado em 1929. Entretanto, foi sua primeira esposa, Carol, uma ativista política, quem estimulou sua consciência social, instigando-o a usar acontecimentos contemporâneos em seu trabalho.

O primeiro romance de caráter social que John Steinbeck escreveu foi *Numa Batalha Duvidosa* (*In Dubbious Battle*, 1936), um relato fictício de uma greve de trabalhadores num vale rural, não muito diferente do Vale de Salinas. Isso não agradou muito aos fazendeiros ricos da região, muito menos os seus livros seguintes: *Ratos e Homens* (*Of Mice and Men*, 1937) e *As Vinhas da Ira*.

Em 1936, John Steinbeck escreveu uma série de artigos para um jornal sobre os migrantes da região da seca que chegavam à Califórnia, chamados de "os ciganos da colheita" (*the harvest gypsies*). Ele visitou vários acampamentos de migrantes e percebeu que essas pessoas iriam mudar a vida da Califórnia.

Em seu artigo, Os ciganos da colheita, ele faz a seguinte descrição do que presenciou.

Milhares deles estão cruzando as fronteiras em calhambeques barulhentos. Indigentes, famintos e sem teto. Prontos para aceitar qualquer pagamento para conseguirem comer e alimentar suas crianças. E isto é uma novidade no trabalho migrante. A mão-de-obra estrangeira era normalmente importada sem prole. Métodos antigos de repressão, de salários de fome, de aprisionamento, castigos e intimidação não iam funcionar. Essas pessoas faziam parte da população americana.

Steinbeck ficou particularmente impressionado com uma viagem que fez a um acampamento em Visália, em 1938, onde viu famílias morarem em caixas de papelão e crianças morrendo de fome durante chuvas torrenciais. Indignado com o que viu, Steinbeck começou a escrever *As Vinhas da Ira* no final de maio de 1938. O romance foi publicado em 14 de abril de 1939, vendendo 428 mil cópias no primeiro ano e tornando-se o livro mais vendido daquele ano. Até hoje foram vendidos mais de 14 milhões de cópias.

Em linhas gerais, o livro trata do êxodo de uma família pobre de fazendeiros – os Joads – que, tendo perdido suas terras na depressão e vendo-se reduzida à miséria por uma tempestade de areia em Oklahoma, é obrigada, como tantas outras famílias, a emigrar para a Califórnia em busca de trabalho. Tom, o filho mais velho, que acaba de cumprir pena de prisão por homicídio involuntário, levará a família numa caminhonete sobrecarregada através dos Estados Unidos, onde grassa um desemprego endêmico. Sua esperança: chegar à Califórnia, onde, parece, haver trabalho para todos. A viagem será um longo calvário, pontilhado de vicissitudes diversas. Os avós não sobreviverão. Quanto à terra prometida, ela se revela um inferno pior ainda do que aquele que eles deixaram para trás. Em contato com um velho amigo pastor, que perdeu a fé e milita por uma sociedade melhor, Tom descobre a luta de classes. Tendo matado um miliciano, tem de deixar sua família e fugir, decidido a abraçar a causa dos oprimidos.

No final, Ma Joad deve arcar com a manutenção do bem-estar do que restou da família Joad. É uma terrível viagem que ela deve completar não só fisicamente de Oklahoma até a Califórnia, mas também através de sua tormenta espiritual. O resultado é que ela cresce em vez de sucumbir, pois têm um caráter forte.

A rendição final de Ma Joad e da família é individual, em função do bem da humanidade, e apresentada na chocante e dramática cena final do livro.

Nas passagens finais da trama ocorre o seguinte: o bebê de Rosa de Sharon nasceu morto. Ma, Rose e o que restou da família são levados a buscar terras mais altas, devido à inundação, e esperam encontrar abrigo em um celeiro, onde o autor descreve a essa cena:

Lá dentro, reinava a escuridão. Apenas uma luz fraca penetrava pelas paredes de tábuas.

– Deita-te, Rosasharn – mandou a mãe. – Deita-te aí e descansa, ouviste? Vou ver se consigo secar tua roupa.

Winfield exclamou:

– Mãe! – e a chuva que fustigava o teto do celeiro abafou a sua voz. – Mãe!

Olhe, ali naquele canto!

A mãe olhou. Havia dois vultos, que se recortavam na penumbra: um homem, deitado de costas e um menino, sentado ao seu lado, de olhos arregalados, fixos nos recém-chegados. Enquanto a mãe o fixava, o pequeno pôs-se lentamente de pé e aproximou-se dela. Tinha uma voz rouca:

– Este barracão é seu?

– Não – respondeu a mãe. – A gente entrou aqui por causa da chuva. Temos uma pessoa doente. Vocês têm algum cobertor seco para nos emprestar? Ela tem de tirar o vestido molhado.

O pequeno regressou ao seu canto; trouxe um cobertor sujo e estende-o à mãe.

– Muito obrigada – disse ela. – O que é que aquele senhor tem?

O pequeno respondeu na mesma voz rouca e monótona:

– Primeiro, esteve doente; agora, está a morrer de fome.

– O quê?!

– Está a morrer de fome. Adoeceu na colheita de algodão e há seis dias não come nada.

A mãe foi até o canto e debruçou-se sobre o homem, a olhá-lo. Devia ter uns cinqüenta anos. Possuía um rosto barbudo e descarnado, e os olhos, muito abertos, fixavam o nada. O rapaz veio postar-se ao lado da mãe.

– Ele é teu pai? – perguntou ela.

– É, sim. Ele dizia que não tinha fome, ou que já tinha comido. Dava-me a comida toda. Agora, está tão fraco que nem pode se mexer.

A chuva caía outra vez e tamborilava brandamente no teto do celeiro. O homem muito magro moveu os lábios. A mãe ajoelhou-se ao lado dele e encostou o ouvido à boca do homem, cujos lábios se tornaram a mover.

– Bem – disse a mãe. – Esteja sossegado. Tudo se arranja. É só esperar que eu tire a roupa molhada da minha filha.

A mãe voltou para junto de Rosa de Sharon.

– Trata de te despir, anda!

Estendeu o cobertor, fazendo dele uma cortina, para a esconder dos olhos dos outros. E, quando Rosasharn ficou nua, a mãe enrolou-a no cobertor.

O pequeno estava agora de novo ao lado da mãe, explicando:

– Eu não sabia de nada. Ele dizia sempre que já tinha comido ou então que não tinha fome. A noite passada, quebrei a vidraça de uma janela e roubei um pão. Obriguei-o a comer, mas vomitou tudo e ficou ainda mais fraco. Devia comer sopa ou tomar leite. A senhora tem algum dinheiro para comprar leite?

A mãe respondeu suavemente:

– Chiu! Não te apoquentes. Tudo se há de arranjar.

De repente, o pequeno deu um grito:

– Está morrendo! Está morrendo, é sério! Ele vai morrer de fome. Vai, vai!

– Chiu! – fez a mãe.

Lançou um olhar ao pai e ao tio John, que estavam parados, diante do doente, sem saber o que haviam de fazer. Olhou para Rosa de Sharon, bem enrolada no cobertor. Os seus olhos fugiram dos da filha e tornaram a encontrá-los. E as duas mulheres liam tudo nas respectivas almas. A respiração da moça tornara-se curta e agitada.

– Sim – disse.

A mãe sorriu.

– Eu sabia. Eu sabia que tu eras capaz de o fazer – olhou para as mãos apertadas uma na outra, descansando no regaço.

Rosa de Sharon disse baixinho:

– Todos vocês poderiam sair?

A chuva batia de leve no telhado.

A mãe inclinou-se para a filha e, com a palma de uma mão, afastou as madeixas revoltas que lhe caíam para a testa e deu-lhe um beijo na testa. A mãe ergueu-se rapidamente:

– Vamos, minha gente, vão para o alpendre das ferramentas – gritou ela. – Vão-se embora, andem!

Colocou-os para fora da porta. Por fim, levando o menino pela mão, saiu também, fechando a porta, que chiou atrás de si.

Por um momento, Rosa de Sharon permaneceu imóvel no celeiro ressonante de murmúrios. Depois, ergueu-se pesadamente, enrolando-se mais no cobertor. Lentamente, dirigiu-se ao canto escuro e colocou-se a olhar o rosto devastado do desconhecido, de olhos arregalados e cheio de temor. Então, vagarosamente, deitou-se ao lado dele. O homem abanou debilitadamente a cabeça de um lado para o outro. Rosa de Sharon afastou um dos lados do cobertor, deixando o seio descoberto.

– Tem de ser – disse, aproximando-se mais dele, e puxando-lhe a cabeça para si. – Ora vá! Então!

Apoiou-lhe a cabeça com a mão, e os seus dedos afagaram-lhe suavemente os cabelos. Ergueu os olhos e, deixou-os errar pelo barracão, enquanto os lábios se lhe arqueavam num misterioso sorriso.

FIM. (STEINBECK, 2000, pp. 476-8.)

Naquela época, a imagem de uma jovem alimentando um forasteiro foi bombástica. Foi como se naquele instante Rosa de Sharon se tornasse mãe da humanidade. É um final muito simbólico e forte. Rosa de Sharon ter concordado em fazer uma coisa que é bastante embaraçosa, amamentar um homem às portas da morte, é mais uma afirmação daquilo que você pode fazer diante da tragédia humana: você consegue se doar.

A obra de Steinbeck une realismo a um romantismo primitivo, que encontra virtudes nos pobres agricultores que vivem próximos à terra. Sua ficção demonstra a vulnerabilidade dessas pessoas, que podem ser expulsas pelas secas e são as primeiras a sofrer em épocas de instabilidade política e depressão econômica. O pano de fundo do romance, marcado pela piedade ao sofrimento alheio, e pelo protesto, a revolta perante as injustiças do mundo, faz com que *As Vinhas da Ira* seja não somente um sinônimo da grande depressão econômica da década de 1930, mas também o testemunho histórico de uma época.

Além da literatura, o cinema também foi utilizado para expressar artisticamente os efeitos da crise de 1929 e da grande depressão econômica da década de 1930. Já no dia 29 de outubro de 1929, o prefeito de Nova York James J. Walker, falando a um grupo de exibidores cinematográficos pediu-lhes que passassem filmes que inspirassem novamente coragem e esperança nos corações do povo.

O cinema foi das últimas indústrias norte-americanas a ser afetada pela grande depressão. Sendo os seus ingressos tão baratos, o cinema não só continuou a ser a única distração acessível à maior parte da população, como ainda se dava o fato de as salas que ficavam abertas de noite constituírem o refúgio ideal para os *homeless*.

Nesse sentido, a grande depressão foi contemporânea de uma verdadeira idade de ouro: mais que 500 filmes foram produzidos em 1930, apesar do aumento dos orçamentos impostos pela nova técnica. Enquanto isso, os norte-americanos questionavam seus valores, encontrando nas salas de cinema um refúgio contra os dramas vividos pela sociedade em crise. Entre as décadas de 1930 e 1940, uma nova geração impôs uma profunda renovação dos gêneros cinematográficos que passaram a se preocupar em captar as transformações que a grande depressão econômica, o New Deal, a política da boa vizinhança e a Segunda Guerra Mundial provocaram em seus contemporâneos. Edificaram-se, assim, novos valores, proporcionando aos norte-americanos o substrato que o presidente Roosevelt soube traduzir em termos políticos.

Em 1932, a crise entrou pelos estúdios cinematográficos adentro, propagando-se na realidade e na ficção, o que levou o cineasta Frank Capra a constatar dois fatos evidentes: se é a população deprimida que começa a encher cada vez menos as salas de cinema, então os filmes, dada a crise na produção motivada pela queda das receitas, devem dirigir-se a seu público concreto – o escapismo já não motivava as pessoas cansadas de sonhar sozinhas, sem que ninguém as transformassem em heróis cinematográficos. A solução do problema chamou-se *Loucura Americana*. (*American Madness*, 1932)

Sem que os padrões narrativos ou os gêneros temáticos de Hollywood fossem substancialmente alterados, a depressão já tinha feito sua entrada no cinema, obviamente de uma forma latente, como uma causa implícita para certas motivações das personagens, ou como pano de fundo para o drama. A criminalidade de *Little Caesar* (direção de Mervyn LeRoy, 1930) ou *O Inimigo Público* (*The Public Enemy*, direção de William Wellman, 1931) deve-se à crise, mas não é isso seu tema principal: os amores por interesse de *Tarnished Lady* (direção de George Cukor, 1931) ou o inevitável caminho da prostituição de *Safe in Hell* (direção de William Wellman, 1931) são social e historicamente plausíveis, mas laterais à estrutura melodramática que os anima. É *Loucura Americana* que usa pela primeira vez o dinheiro (o título era para ser *Money*) como matéria dramática. Essa novidade acarreta outra: as tiradas puramente políticas e ideológicas das personagens, que nem com o subterfúgio da metáfora ou da alusão dizem o que pensam sobre os problemas da América real que lhes (nos) passa diante dos olhos.

A trama do filme é a seguinte: durante a depressão dos anos 1930, a direção do banco Thomas Dickson pretende a fusão com o New York Trust e a conseqüente demissão, opondo-se à política defendida por seu presidente. Uma noite, o banco é roubado, sendo o principal suspeito Matt Brown, um dos colaboradores de Dickson. A lealdade de Brown a Dickson e a defesa da honra de sua mulher, Phyllis Dickson, levam-no a se recusar a dizer onde esteve na noite do crime, já que a surpreendeu com o vice-presidente, Cyril Cluett, num encontro romântico. Apesar de ser responsável pelo crime, Cluett, cuja avultada dívida de jogo constituiu o motivo do roubo, enquanto a aproximação de Phyllis foi a forma de arranjar um álibi, incita à culpabilização de Brown, até que este avisa a polícia. Os boatos exageram o valor do montante roubado e o auxílio procurado por Dickson lhe é negado. Helen, fiel secretária de Matt e Dickson, por quem Matt está apaixonado, mobiliza os antigos beneficiários da boa vontade de Dickson como banqueiro, conseguindo que um homem faça um depósito no banco, atitude "de fé" e exemplo seguido por outros indivíduos, apesar do pânico instalado.

Desde o primeiro momento, Hollywood colaborou com o presidente Roosevelt no empenho em arraigar a esperança em todos os norte-americanos, medida imprescindível para sair à frente. É notório o caso do famoso musical *Rua 42* (*42nd Street*), de Lloyd Bacon, que só foi exibido no ano de 1933 para poder coincidir com o início da administração Roosevelt e tirar o maior proveito de seu *slogan* propagandístico: "Iniciando um New Deal em entretenimento".

O desenho animado *Os Três Porquinhos* (*Three Little Pigs*, 1933), de Walt Disney, é também conhecido por sua relação com o tema da grande depressão econômica, convertendo-se numa parábola para muitos cidadãos norte-americanos, que viram na construção de uma casa sólida a forma de lutar contra o "Lobo Mau" da fome e do medo. Dessa forma, o desenho de Walt Disney mostra como a simplificação e a realidade política podem se combinar com um elemento mítico para efeito popular: O Lobo Mau tornou-se um símbolo da depressão e o refrão "Quem tem medo do Lobo Mau?" serviu como uma espécie de hino nacional da reconstrução na luta para afastar o fantasma do medo e da desesperança coletiva que tomou conta do país. De fato, tal refrão trouxe mensagem semelhante à contida no célebre discurso pronunciado pelo presidente Franklin Roosevelt, no dia de sua posse: "Nada temos a temer, a não ser o nosso próprio medo".

Após esses filmes, a grande depressão econômica, um assunto que continuava a ser tão delicado na memória da sociedade norte-americana, não voltaria a ser abordado diretamente no cinema até *As Vinhas da Ira*, produzido e dirigido por John Ford. Ao contrário do famoso romance de John Steinbeck, que se elevava com vigor contra as injustiças sociais dos Estados Unidos contemporâneo, a versão cinematográfica de John Ford atenuou essa virulência contestatória, substituindo-a pelas virtudes de compaixão e generosidade, que são a marca registrada desse "homem tranqüilo", filho de camponeses e pouco inclinado para a ideologia revolucionária. Ele nega ter pretendido realizar um filme engajado: "*As Vinhas da Ira* só me interessava enquanto estudo social. Eu gostava apenas da idéia daquela família que parte para tentar abrir caminho para si no mundo". De fato, ele reproduz nesse filme as estruturas do *western* (sendo a diligência substituída por um calhambeque caindo aos pedaços), inserindo-as num contexto contemporâneo. Além disso, o cineasta modificou o final polêmico do livro e colocou em seu lugar um discurso marcado por um tom de sentimentalismo patriótico. O resultado é um filme repleto de otimismo, esperança e confiança na "nova política" de Franklin Roosevelt.

Na cena inicial do filme, encontramos Tom Joad a caminho da casa depois de passados quatro anos na prisão, cumprindo pena por ter matado um homem durante uma briga. Ele encontra Jim Cassey, um ex-pregador que abandonara a carreira religiosa mas que continua a buscar um significado maior para sua existência. A caminho de casa, Tom recolhe uma tartaruga para dar de presente a seu irmão caçula. Aquela tartaruga que carrega sua casa nas costas torna-se o símbolo da família Joad.

Tom está prestes a sofrer um despertar cruel. A casa dos Joads está deserta. O vizinho, Muley Graves, ao reencontrar Tom e Casey, conta o que aconteceu, conforme descreve o trecho da cena selecionada:

TOM JOAD: Muley! Onde está minha família?

MULEY GRAVES: Eles se foram...

TOM JOAD: Eu sei, mas para onde? [...]

MULEY GRAVES: Eles foram para a casa do seu tio John, todos eles, faz duas semanas. Mas não podem ficar lá porque o John também terá que sair.

TOM JOAD: O que houve? Por que tiveram que ir? Moramos aqui há cinqüenta anos. Neste mesmo lugar.

MULEY GRAVES: Todos tiveram que sair. Todo mundo está indo embora para a Califórnia. Sua família, minha família, todas as famílias.

[...]

TOM JOAD: Quem fez isso?

MULEY GRAVES: Ouça, elas também são culpadas. As tempestades de areia, foram elas que começaram. Soprando assim ano após ano, levando a terra, levando as plantações e, agora, nos levando. [...] *Quer saber o que aconteceu?*

TOM JOAD: Foi o que perguntei.

MULEY GRAVES: Bem, como aconteceu... Como aconteceu comigo: Um homem veio um dia... [*Flashback* cena ocorrida no passado; momento em que Muley recebe a notícia de que deve ir embora de suas terras.]

HOMEM: Depois do que as tempestades fizeram com a terra, o arrendamento não funciona mais. Ele não se paga, muito menos dá lucro. Um homem com um trator cuida de umas catorze fazendas. É só pagar um salário e ficar com toda a plantação.

MULEY GRAVES: Sim, mas não podemos trabalhar por menos que a nossa parte, agora. As crianças nem têm o que comer, e estão tão maltrapilhas que sentimos vergonha se todas não estivessem assim também.

HOMEM: Não posso fazer nada, só estou seguindo ordens. Tenho que mandar vocês saírem daqui.

MULEY GRAVES: Sair da minha própria terra?

HOMEM: Não venha me acusar, a culpa não é minha.

FILHO DE MULEY GRAVES: De quem é a culpa?

HOMEM: Conhece o dono da terra, a Shawnee Land and Cattle Co.

MULEY GRAVES: Quem é a Shawnee Land and Cattle Co.?

HOMEM: Ninguém, é uma empresa.

FILHO DE MULEY GRAVES: Ela tem um presidente, não tem? Alguém lá sabe para que serve uma arma, não sabe?

HOMEM: Não é culpa dele, o banco diz o que fazer.

FILHO DE MULEY GRAVES: Onde fica o banco?

HOMEM: Tulsa. Para que atormentá-lo? Ele é só o gerente. E está ficando louco, tentando seguir as ordens.

MULEY GRAVES: Quem devemos matar?

HOMEM: Eu não sei. Se soubesse, diria. Não sei de quem é a culpa.

MULEY GRAVES (gritando): Pois fique sabendo, senhor, que ninguém vai me tirar da minha terra. Meu avô veio para cá há setenta anos. Meu pai nasceu aqui. Todos nós nascemos aqui! Alguns foram mortos aqui. [O homem vai embora.] *Alguns morreram aqui! Por isso ela é nossa. Porque nascemos nela, trabalhamos nela, e morremos nela. E não por causa de um pedaço de papel com algo escrito.* [Fim do *flashback* a ação volta para o tempo presente, ou seja, a conversa entre Tom e Muley.]

TOM JOAD: O que aconteceu?

MULEY GRAVES: Eles vieram. Eles vieram e me tiraram. Vieram com as largartas.

TOM JOAD: As o quê?

MULEY GRAVES: Os tratores largartas. Para cada trator, dez ou quinze famílias foram despejadas. Cem pessoas ficaram sem ter onde morar. Os Rances, os Peters, os Perries e os Joads foram despejados, um depois do outro. Metade das pessoas que conhecemos foi parar no olho da rua...

Outra cena representativa do filme é a final, em que se misturam sentimentos de tristeza e emoção: todos vão embora. Tom precisa fugir de sua liberdade condicional. A mãe está decidida a manter sua família unida. Mas, o pai, o cabeça da família, está confuso com a reviravolta dos acontecimentos, conforme expõe o diálogo final do filme:

AL JOAD: Vinte dias de trabalho! Minha nossa!

PA JOAD: Vou gostar de colher algodão. Disso eu entendo.

MA JOAD: Talvez tenhamos vinte dias de trabalho, talvez não.

AL JOAD: O que foi, Ma, está com medo?

MA JOAD: Medo? Nunca mais vou sentir medo. Eu tive medo. Por um tempo, achei que tivessem nos derrotado. Parecia que só tínhamos inimigos. Ninguém era amigável. Isso fazia eu me sentir mal e assustada, como se estivéssemos perdidos.

PA JOAD: Foi você que nos deu força, Ma. Não tenho ajudado em nada, sei disso. Parece que passei o tempo todo pensando no passado, na nossa casa. Mas nunca mais vamos vê-la.

MA JOAD: Bem, Pa, mulheres mudam mais fácil. Os homens vivem aos solavancos. Um bebê nasce, alguém morre, são solavancos. Ganhar ou perder uma fazenda é um solavanco. As mulheres vivem como um rio. Passam por redemoinhos e correntezas, mas sempre vão em frente. As mulheres vêem a vida assim.

PA JOAD: Pode ser, mas estamos tomando uma surra.

MA JOAD: Eu sei, isso nos deixa mais fortes. Os ricos vem e morrem. Seus filhos são fracos e morrem também. Mas nós continuamos vindo. Nós somos os sobreviventes. Não podem nos eliminar ou nos vencer. Sempre existiremos, Pa, porque somos o povo.

IMAGEM-SÍMBOLO

Imagem-símbolo: o pânico dos investidores, em outubro de 1929.

Estopim da virulenta depressão econômica da década de 1930, em cujo rastro seguiu-se a Segunda Guerra Mundial, o *crash* da Bolsa de Valores de Nova York, em 24 de outubro de 1929, produziu cenas dramáticas que mesmo hoje, olhando para trás, mais se parecem com ficção ou um imenso pesadelo que nunca existiu. Na mesma Manhattan na qual hoje as novas personagens de Wall Street, com seus reluzentes automóveis importados, ostentam o esplendor de um vigoroso mercado de capitais, multidões de desempregados aguardavam em fila a sua vez para a sopa gratuita – muitas vezes a única refeição de um dia. Fortunas evaporaram-se em questão de horas, impérios econômicos foram à ruína e sólidas reputações desmancharam-se no bojo de uma crise avassaladora.

Por tudo isso, o ano dramático de 1929 paira ainda sobre a história do mundo ocidental como o espectro de um tempo de loucura especulativa e desastre financeiro que, ninguém sabe quando, um dia poderá voltar.

A imagem-símbolo da crise de 1929 escolhida retrata uma multidão de investidores reunida em frente ao edifício da Bolsa de Valores de Nova York, aguardando notícias sobre o futuro incerto do mercado financeiro e buscando recuperar o dinheiro investido em ações. A presente cena ocorreu no dia 24 de outubro de 1929, a "quinta-feira negra", data identificada como o início do pânico do *crash* da Bolsa de Valores de Nova York, que desencadeou a grande crise econômica de 1929. Afinal, levando-se em conta a desordem, o medo e a confusão, merece ser considerado que 12.894.650 ações mudaram de mãos nesse dia, a maioria delas a preços que destruíram os sonhos e as esperanças de seus proprietários.

A manhã do dia 24 de outubro foi o período mais terrível para a Bolsa de Valores de Nova York. A abertura não foi espetacular e por algum tempo os preços se mantiveram firmes. Entretanto o volume era considerável e em breve os preços começaram a pender. Assim como ocorrido no dia 21 de outubro, mais uma vez o indicador não conseguiu acompanhar o mercado. Os preços caíam cada vez mais depressa e o indicador se atrasava cada vez mais. Por volta das 11 horas, o que havia sido um mercado transformara-se em arena selvagem de vendas. Mais de 12 milhões de ações foram colocadas à venda. Um número absurdo, uma espécie de bolha explodindo num mercado que estava fervendo havia anos. Como dita a lei da oferta e da procura, as ações simplesmente perderam seu valor de uma hora para outra, pois ninguém mais queria ficar com elas. Dos lotados salões da bolsa, por todo o país, o indicador dava notícias de um assustador colapso. Mas as cotações selecionadas que chegavam pelo indicador elétrico mostravam também que os valores correntes estavam muito abaixo dos antigos registrados. A incerteza levava cada vez mais pessoas a tentar vender. Outros títulos, já incapazes de dar margem a lucros, eram vendidos. Às 11h30 o pânico, puro e simples, havia tomado conta de tudo.

Do lado de fora do edifício da Bolsa de Valores de Nova York, em Broad Street, ouvia-se um estranho tumulto. Conforme retrata a imagem-símbolo selecionada, havia uma multidão aglomerada e o comissário Whalem enviara um destacamento especial de polícia para Wall Street, com ordens de manter a paz. Naquele momento, apareceu um operário para fazer alguns consertos de rotina no alto de um dos arranha-céus. Presumindo que se tratava de um provável suicida arruinado, a multidão pôs-se a esperar impacientemente que ele saltasse. Às 12h30 a galeria de visitantes da bolsa foi fechada em virtude das cenas alucinantes no *hall* principal. Desesperados, muitos investidores buscaram no suicídio uma saída para seus tormentos financeiros. Segundo estatísticas, foram registrados 11 suicídios no dia 24 de outubro de 1929. O caso mais conhecido foi o de dois investidores, com conta conjunta, que saltaram de mãos dadas do alto do Hotel Ritz.

Ao meio-dia, entretanto, as coisas sofreram uma mudança para melhor. Afinal chegou o tão esperado "apoio organizado". Os líderes do National City Bank, Chase, Guaranty Trust e Bankers Trust encontraram-se com Thomas W. Lamont, um dos sócios majoritários da Morgan (a maior financeira e corretora da bolsa na época), no número 23 de Wall Street. Todos concordaram em vir em apoio ao mercado e em acumular recursos substanciais com esse objetivo. Lamount em seguida declarou aos repórteres que os inconvenientes passageiros eram "devidos mais à situação técnica do que a qualquer causa fundamental", e acrescentou ainda aos jornalistas que a situação era "suscetível de melhora".

Enquanto isso chegará à bolsa a notícia de que os banqueiros estavam em reunião e o socorro estava a caminho. Eram os mais poderosos financistas da nação. Prontamente os preços se firmaram e até subiram. Então, às 13h30, Richard Whitney, muito conhecido como o corretor-chefe da Morgan na bolsa, dirigiu-se para o posto onde a Steel era negociada e deixou com o especialista uma ordem de compra de 10 mil cotas, vários pontos acima das ofertas correntes. Continuou a fazer a ronda com a mesma generosidade. E a confiança foi prodigiosamente reanimada, com o mercado dando um salto para cima. Na última hora, as vendas, que ainda eram galopantes, abrandaram novamente, amenizando-se a perda líquida do dia – mais ou menos 12 pontos nas cotações industriais do jornal *The New York Times* –, que foi bem menor do que a da véspera. Algumas ações, como as da Steel, estavam realmente mais elevadas no pregão daquele dia.

Entretanto, esse restabelecimento estava distante dos interesses de dezenas de milhares de pessoas que haviam vendido durante o declínio e cujos sonhos de opulência haviam se desfeito como um castelo de cartas, arrastando junto a maior parte de suas posses negociáveis. Passavam oito minutos e meio das 7 horas, daquela noite, quando o indicador acabou de registrar as desventuras do dia. Em seus postos, os especuladores, que haviam começado a vender de manhã cedo, estavam sentados em silêncio, observando a fita do indicador. O hábito de meses ou anos, por mais útil que tivesse se tornado, não podia ser interrompido de uma hora para outra. Depois que os negócios finais foram registrados, eles se levantaram e saíram para a amarga escuridão da noite.

Na própria Wall Street, ainda brilhavam luzes em todos os escritórios, enquanto os funcionários se esforçavam para dar conta dos negócios do dia. Representantes de 35 das maiores corretoras reuniram-se nos escritórios de Hornblower and Weeks e anunciaram à imprensa que o mercado estava fundamentalmente sólido e "tecnicamente em melhores condições do que há vários meses". A firma anfitriã enviou uma carta ao mercado, na qual declarava que "a partir do pregão de hoje, o mercado poderia começar a lançar os alicerces para o avanço construtivo que, acreditamos, constituirá 1930".

No entanto, a cena do dia 24 de outubro de 1929, retratada pela fotografia selecionada, se repetiria, e dessa vez de forma mais devastadora, no dia 29 de outubro, a "terça-feira negra", data que completa o ciclo do *crash* da Bolsa de Valores de Nova York. Cabe concluir, portanto, que a crise deixou uma lição significativa: economias que se fascinam a um ponto extremado com a possibilidade de obter lucros trocando papéis vivem numa quimera perigosa. Os mercados financeiros, certamente, são instituições úteis, fazem parte da própria estrutura do capitalismo e desempenham funções indispensáveis na canalização de recursos para atividades produtivas. Tornam-se uma bomba-relógio, porém, quando pessoas, empresas e governos se esquecem da verdadeira razão de ser das bolsas de valores e passam a ver nelas uma impossível máquina de fazer dinheiro o tempo todo ou um instrumento destinado prioritariamente à especulação.

Retratos da Grande Depressão: família desempregada, vivendo em condições miseráveis, em Elm Grove, Califórnia, EUA. © Governo Federal dos Estados Unidos.

GLOSSÁRIO

Acionistas – As pequenas empresas costumam pertencer a uma única pessoa ou família. Entretanto, quando é muito grande, a empresa abre seu capital e torna-se propriedade de várias pessoas. Abrir o capital é dividi-lo com outros. O proprietário emite certos papéis nos quais está escrito que seu possuidor passa a participar da propriedade daquela empresa e os vende a quem quiser comprar. Esses papéis chamam-se ações. Seus compradores são os acionistas.

Ações – São documentos ou papéis correspondentes a uma parte do capital de uma determinada empresa, que são negociados na bolsa de valores. Assim, quem possui uma ou mais ações dessa empresa é parcialmente "dono" dela, tendo, juntamente com outros acionistas, o direito a uma parte dos lucros. Essa parte é proporcional ao número de ações que a pessoa possui.

Balança comercial – É o registro de tudo o que um país vende a outros países (exportação) e de tudo o que ele compra de outros países (importação). Esse registro é feito por meio do valor, ou dos preços, das exportações e das importações. Diz-se que a balança comercial está desequilibrada negativamente quando o valor das importações é maior do que o das exportações.

Nesse caso, o país compra mais do que vende e está, portanto, perdendo divisas para o exterior.

Bolsa de valores – É o local onde se operam a compra e a venda de certos papéis de empresas e do governo. Os papéis das empresas chamam-se ações, os do governo chamam-se títulos. Os preços desses papéis mudam constantemente, todos os dias e mesmo ao longo do dia. Essa variação ocorre devido ao jogo de oferta e procura. Se as ações de uma companhia são muito requisitadas, seu valor aumenta; se são pouco procuradas pelos compradores, seu valor diminui. Os aplicadores, ou seja, os que investem seu dinheiro em ações, procuram comprá-las a baixo custo, esperando que seu preço aumente para vendê-las. Isso significa, em muitos casos, um lucro considerável. Naturalmente, é necessário haver um certo equilíbrio entre o valor real da empresa e o das ações que ela emite. Se, por exemplo, uma companhia vale 10 mil dólares, as ações que ela lança no mercado deverão valer 10 mil dólares. Se, porém, a empresa valer 10 mil e as ações que ela coloca atingirem o valor de 20 mil, isso significa que 10 mil são resultado da simples especulação. São, portanto, papéis sem valor. Esse foi um dos fatores que contribuíram para o *crash* em outubro de 1929, o maior da história. O cenário foi Wall Street, onde se localiza a Bolsa de Valores de Nova York, que ficou literalmente forrada de papéis. Esses papéis eram ações cujo valor tinha se evaporado com o *crash*.

Todas as grandes cidades do mundo contam com bolsas de valores. As mais importantes são as de Nova York, Londres e Tóquio. No Brasil, destacam-se as bolsas de São Paulo e do Rio de Janeiro.

Boom/crash – Os norte-americanos empregam algumas palavras onomatopaicas, isto é, cujo som tem a propriedade de transmitir seu significado: *boom* evoca uma explosão; *crash*, uma quebra. Em termos econômicos, uma é exatamente o oposto da outra: *boom* refere-se à rápida expansão dos negócios; *crash*, ao desmoronamento da riqueza amealhada. Nas décadas de 1920 e 1930, os Estados Unidos passaram do *boom* para o *crash*, e dali para um novo *boom*. Esse processo teve gravíssimas conseqüências no mundo inteiro.

Brain trust **(grupo dos notáveis ou truste de inteligência)** – Expressão inglesa cunhada pelo jornalista James Kieran. O *brain trust* nasceu durante a campanha democrata para a eleição presidencial de 1932. Ele reunia universitários, trabalhadores da área social, jornalistas, economistas e juristas. Eram intelectuais de renome, reformadores e desejosos de agir e aconselhar Franklin Roosevelt. Na linha de frente, estavam Raymond Moley, professor de direito na Universidade de Colúmbia, em Nova York, Rexford Tugwell, seu colega na Colúmbia e especialista em questões agrícolas, e Adolf Berle, professor de direito em Havard e Colúmbia, especialista em mecanismos de crédito, sistema industrial e no papel do governo na vida econômica. Ao trio juntam-se Samuel Rosenman, Harry Hopkins, Bernard Baruch e Felix Frankfurter, para citar apenas os mais influentes. A equipe transborda de idéias e sugestões, redige discursos, elabora projetos e deixa-se às vezes infiltrar por simpatizantes do Partido Comunista. É a primeira vez que nos Estados Unidos que um presidente recorre a um *brain trust*, no qual os políticos desempenham um papel secundário.

Capitalismo – Sistema socioeconômico em que os meios de produção (terras, fábricas, máquinas, dinheiro etc.) são de propriedade privada. Os proprietários dos meios de produção – uma minoria da sociedade – são os burgueses ou capitalistas; os não-proprietários dos meios de produção – a maioria da sociedade – são os proletários ou trabalhadores, que vivem dos salários pagos em troca de seu trabalho.

Democracia liberal – Um regime democrático pressupõe a copresença de dois princípios: autonomia da coletividade e autonomia do indivíduo. No entanto, isso não significa que as democracias são Estados que não conhecem nada superior à expressão da vontade, seja ela coletiva ou individual, pois existe algo que se situa acima, que é a idéia de justiça e de direitos iguais para todos. Outro elemento definidor da democracia é o sufrágio universal, já que ele é responsável pela eleição de representantes do povo, ou seja, a democracia liberal é representativa. Também faz parte da definição de democracia a idéia do pluralismo, pois a pluralidade garante o direito de autonomia do indivíduo para organizar sua vida privada como bem entender. Além disso, na democracia o direito e o poder ficam claramente separados, e o primeiro controla o segundo; a sociedade, assim, constitui-se em Estado de direito, regido por um contrato tácito que empenha todos os cidadãos. O mesmo princípio demanda uma pluralidade das organizações políticas (partidos), entre os quais o cidadão pode escolher livremente. Mesmo quando, nas eleições, um dos partidos conquista o poder, os partidos vencidos que se tornam oposição também têm direitos. Os meios de comunicação mantêm-se plurais, a fim de escapar a uma tutela política única. Por último, o Estado é o único a ter um exército e uma polícia, que reprime ou castiga aqueles que fazem uso da violência ou praticam a discriminação contra certos grupos da sociedade.

Economia de mercado – É um tipo de economia no qual as empresas competem livremente entre si para vender seus produtos ao consumidor. Essa economia tem por base a propriedade privada e o dinheiro, sem o qual as mercadorias não podem circular rapidamente. Outra de suas características é que o Estado quase não interfere nas atividades econômicas. A economia de mercado típica é a economia capitalista liberal.

Fordismo – Palavra derivada do sobrenome de Henry Ford (1863-1947), empresário norte-americano que fundou a fábrica de automóveis Ford, em 1902. Em sua empresa, ele introduziu a linha de montagem que permitiu a produção de carros em larga escala. Essa inovação aparentemente simples deu início à produção em série, característica da indústria moderna. Ao mesmo tempo, Ford era partidário da idéia de que os operários deviam receber bons salários, pois só assim poderiam comprar os automóveis que fabricavam. Ao conjunto de idéias e teorias de administração industrial introduzidas por esse empresário dá-se o nome de fordismo.

Gângster – Indivíduo criminoso que faz parte de uma quadrilha. Al Capone foi o gângster mais célebre, tendo sido o principal organizador do contrabando de bebidas alcoólicas, jogo e vício de toda a área de Chicago, com uma renda bruta de 60 milhões de dólares anuais, em 1927. A maior parte da renda de Al Capone, no tráfico de bebida, provinha da venda de cerveja. Ele dispunha de uma quadrilha particular de 700 a mil gângsteres, responsável por esmagar implacavelmente todos os seus rivais. Ele só foi apeado de seu pedestal quando um fiscal da Fazenda infiltrou-se na organização e obteve provas para conseguir a sua condenação, por sonegação de impostos federais, em 1931 a 11 anos de prisão. A vida de Al Capone vem inspirando escritores, diretores de filmes e criadores de revistas em quadrinhos até os dias de hoje.

Isolacionismo – Expressão utilizada para designar a política norte-americana do pós-Primeira Guerra Mundial, que partia da idéia segundo a qual o país não deveria envolver-se com os problemas mundiais. O melhor exemplo dessa disposição é a recusa do Congresso dos EUA em permitir que o país ingressasse na Liga das Nações.

Lei Seca – A década de 1920, nos Estados Unidos, foi marcada pela Lei Seca, que proibiu a produção e venda de bebidas alcóolicas. Seu objetivo principal era proteger o cidadão norte-americano contra os perigos do álcool. Essa lei, que começou a vigorar em 1920, interferiu muito no modo de vida dos norte-americanos. Alguns setores da sociedade, como a Liga dos Antialcoólicos, ficaram satisfeitos com a medida, chegando mesmo a festejar "o nascimento de uma América sem álcool". A luta antialcoólica vinha diretamente do puritanismo colonial.

Foi o reverendo, Cotton Mather, o primeiro a decretar a incompatibilidade entre o álcool e o cristianismo. Com a fundação do Sindicato Feminino Cristão contra a bebida alcoólica, depois da Guerra de Secessão, a perseguição tomou grandes proporções. A proibição levou alguns a continuar vendendo bebidas na clandestinidade. Surgiram, assim, os gângsteres, geralmente organizados em quadrilhas que vendiam bebida no contrabando. Mas a Lei Seca favoreceu também cidadãos aparentemente respeitáveis, que fizeram fortuna com a venda clandestina de bebida alcoólica. O certo é que praticamente ninguém deixou de beber caso quisesse, tais eram as proporções de venda ilegal. Em 1933, devido à pressão popular, o Congresso promulgou e submeteu a veredicto do povo a 21ª emenda, que repelia a 18ª e também proibia o transporte de bebidas alcóolicas para qualquer estado ou território que preferisse manter, dentro de suas fronteiras, a Lei Seca. Também foi legalizada a venda da cerveja de baixo teor alcoólico.

Liga das Nações – Após a Primeira Guerra Mundial foi organizada a Liga das Nações, por iniciativa do presidente norte-americano Woodrow Wilson. Tratava-se de um organismo internacional, cujo objetivo maior era a preservação da paz mundial. A Alemanha, derrotada, e a União Soviética, socialista, não integraram a Liga. Em função do isolacionismo, o Congresso norte-americano votou contra a participação dos Estados Unidos na Liga. A Segunda Guerra Mundial, iniciada em 1939, foi o golpe decisivo na credibilidade da Liga das Nações. Em 1945, a Liga das Nações foi substituída pela Organização das Nações Unidas (ONU).

Linha de montagem – É uma forma de organizar a fase final da produção de certos bens em uma fábrica. Sua característica básica é a distribuição de trabalhadores em linha diante de uma esteira rolante que conduz algumas partes do produto. Cada trabalhador executa uma operação de montagem, de tal modo que, no final da linha, o produto está pronto para ser vendido. O inventor da linha de montagem foi o fabricante de automóveis norte-americano Henry Ford (1863-1947).

New Deal – Na gíria dos jogadores de baralho dos Estados Unidos, *deal* significa mão, ou seja, uma distribuição de cartas. Na campanha eleitoral de 1932, o candidato à presidência da República Franklin Delano Roosevelt apresentou um programa a que chamou de New Deal; tratava-se de uma "nova jogada" para reanimar a economia norte-americana após a crise de 1929. Essa expressão inglesa, no contexto político, também pode ser traduzida como "novo contrato", "novo acordo" ou "novo negócio".

Empossado em 1933, Franklin Roosevelt foi o grande mentor do reerguimento norte-americano. Durante seu governo, um gigantesco programa de obras públicas deu trabalho a centenas de milhares de desempregados. O New Deal procurou dinamizar o mercado interno, estabelecer controle sobre os preços e a produção, fixando salários agrícolas e industriais que possibilitassem maior poder aquisitivo das massas. A Lei de Recuperação da Indústria Nacional favorecia a liberdade de sindicalização e garantia o direito de negociação coletiva. Para pôr fim à superprodução agrícola, causa principal dos baixos preços dos produtos, Roosevelt ofereceu indenizações compensadoras aos agricultores que reduzissem as áreas de cultivo. Outras medidas regularam bancos e atividades financeiras, submetendo-os a um controle por parte do Estado. Essas decisões não surtiram efeitos imediatos, mas a partir de 1937, com o desenvolvimento da indústria bélica, a economia norte-americana começava a ser novamente revigorada.

14 pontos – Antes mesmo do fim da guerra, o presidente Woodrow Wilson havia concebido um plano para servir de base às negociações de paz, composto de 14 pontos. Propondo uma paz em que não houvesse vencidos nem vencedores, os 14 pontos eram um conjunto de princípios que previam, de maneira idealista, que a paz deveria ser justa e honrosa para os vencidos. Estes não deveriam sofrer perdas territoriais nem haveria pagamento de indenizações aos vencedores. O idealismo de Wilson, que serviria de referência para que os alemães pedissem o armistício, na verdade, jamais foi levado a sério por seus aliados europeus.

Recessão – Situação caracterizada pela diminuição das atividades econômicas de um país. Nessas condições, a produção industrial sofre uma queda e as fábricas são levadas a demitir os trabalhadores. O mesmo acontece na agricultura e no comércio. O desemprego, portanto, é uma marca da recessão.

Totalitarismo – Sistema político no qual o Estado domina completamente a sociedade e até a vida pessoal dos indivíduos.

O regime totalitário é uma forma de ditadura, porém muito mais invasora da privacidade das pessoas do que as ditaduras tradicionais. Sob esse regime, o Estado centraliza todos os poderes políticos e administrativos, não permitindo a existência de outros grupos ou partidos políticos, além do partido no poder, que se superpõe e se confunde com o Estado. O totalitarismo se caracteriza pelo desrespeito às liberdades públicas e individuais do cidadão, principalmente as liberdades de opinião, associação, imprensa e comunicação, fazendo com que a opinião pública deixe de existir como esfera independente. Nesse regime, o Estado torna-se uma entidade ameaçadora que comanda e fiscaliza a vida de todas as pessoas do nascimento até a morte. A vida familiar passa a girar em torno da ideologia do grupo no poder, a formação das crianças e dos jovens são militarizadas em instituições do Estado. Além de destruir a individualidade dos cidadãos, as ditaduras totalitárias fazem a sociedade viver numa atmosfera constante de insegurança e terror, perpetrada pela atuação da polícia secreta estatal e pela manipulação do imaginário coletivo através das mensagens veiculadas pelos meios de comunicação de massa, que são utilizados intensamente com propósitos de propaganda política e de monopolização da verdade. As duas maiores manifestações do totalitarismo no século 20 foram o nazismo alemão (1933-1945) e o stalinismo soviético (1924-1953), apesar das diferenças ideológicas que as distinguem.

Tríplice Entente – O termo de origem francesa *entente* significa acordo, entendimento. A Tríplice Entente foi formada em

1907 e era composta pela Rússia, Reino Unido e França, principais rivais da Alemanha nas disputas por áreas coloniais.

Trustes – Pode assumir várias formas, mas em geral é constituído por conjuntos de empresas que eliminam as suas independências legais e econômicas para constituir uma única organização. A forma que prevalece é a de combinações financeiras, que permitem concentrar nas mãos de uma pessoa ou de um grupo as ações de outras empresas, em número suficiente para controlar as decisões do grupo. Os trustes diferenciam-se dos cartéis porque, nestes, a autonomia de cada empresa é mantida. Os trustes podem ser horizontais, quando as empresas que os compõem são homogêneas, ou seja, atuam num mesmo ramo da produção, como, por exemplo, o caso de uma fábrica de açúcar ou fumo; ou verticais, quando o conjunto de empresas produz desde a matéria-prima até o produto acabado, atuando portanto em diferentes ramos, caso, por exemplo, de uma empresa que faça a mineração, controle os altos-fornos, a laminação etc.

BIBLIOGRAFIA

BRADBURY, Malcolm & TEMPERLEY, Howard (orgs.). *Introdução aos estudos americanos.* Rio de Janeiro: Forense Universitária, 1981.

COBEN, Stanley & RATNER, Norman. *O Desenvolvimento da Cultura Norte-americana.* Rio de Janeiro: Anima, 1985.

DEBESQUE, Morvan (org.). *Croniques du Canard.* Paris: J.J. Pauvert, 1960.

DIVINE, Robert A. et alii. *América: Passado e Presente.* Rio de Janeiro: Nórdica, 1990.

FAULKNER, Harold Underwood. *História Económica de los Estados Unidos.* Buenos Aires: Nova, 1956.

FREITAS, Gustavo de. *900 Textos e Documentos de História.* Lisboa: Plátano, s.d.

GALBRAITH, John Kenneth. *1929 – O Colapso da Bolsa.* Rio de Janeiro: Expressão e Cultura, 1972.

HEILBRONER, Robert L. *A Formação da Sociedade Econômica.* Rio de Janeiro: Zahar, 1974.

HOBSBAWM, Eric J. *Era dos Extremos. O Breve Século XX (1914-1991).* São Paulo: Companhia das Letras, 1993.

HUBERMAN, Leo. *História da Riqueza do Homem.* Rio de Janeiro: Editora Guanabara Koogan SA, 1986.

KENNEDY, David M. *Freedom From Fear. The American People in Depression and War, 1929-1945.* Nova York: Oxford University Press, 1999.

LEUCHTENBURG, William E. *Franklin D. Roosevelt and the New Deal. 1932-1940.* Nova York: Harper & Row, Publishers, 1963.

ORWELL, George. *The Road to Wigan Pier.* Londres: Gollancz, 1937.

PAMPLONA, Marcos A. *Revendo o Sonho Americano: 1890 - 1972.* São Paulo: Atual, 1995.

PEREIRA, Wagner Pinheiro. *Guerra das Imagens: Cinema e Política nos Governos de Adolf Hitler e Franklin D. Roosevelt (1933-1945).* São Paulo: Humanitas/Imprensa Oficial, 2005 (no prelo).

ROOSEVELT, Franklin Delano. *Great Speeches*. (org. por John Grafton). Nova York, Dover Publications Inc., 1999.

SCHLESINGER JR., Arthur M. *La Era de Roosevelt. La Crisis del Ordem Antiguo*. 1919-1933. Cidade do México: Union Tipografica Editorial Hispanoamericana, 1960.

______. *Os Ciclos da História Americana*. Rio de Janeiro: Civilização Brasileira, 1992.

SELLERS, Charles et alii. *Uma Reavaliação da História dos Estados Unidos: de Colônia a Potência Imperial*. Rio de Janeiro: Zahar, 1990.

STEINBECK, John. *As Vinhas da Ira*. Lisboa: Edição Livros do Brasil, 2000.

SYRETT, Harold C. (org.). *Documentos Históricos dos Estados Unidos*. São Paulo: Cultrix, 1980.

WEBER, Max. *A Ética Protestante e o Espírito do Capitalismo*. São Paulo: Biblioteca Pioneira de Ciências Sociais, 1967.

SOBRE A AUTOR

Wagner Pinheiro Pereira é Historiador, doutorando no Programa de Pós-Graduação em História Social (FFLCH-USP). Pesquisador Associado da Cátedra Jaime Cortesão – USP (Brasil), do *Centro de Estudos de Anti-semitismo da Universidade Técnica de Berlim* (Alemanha), do *Centro de História Contemporânea e Centro de História da Cultura da Universidade Nova de Lisboa* (Portugal) e do *Instituto Multinacional de Estudos Americanos da Universidade de Nova York* (NYU) e *Universidade de Harvard* (EUA). Foi agraciado com a "Láurea da USP à excelência acadêmica", em 1999, e com a "Menção Honrosa" da Pró-Reitoria de Pesquisa da USP, nos anos 1998 e 1999. Através do 7º *Simpósio Internacional de Iniciação Científica da Universidade de São Paulo (7º SIICUSP)* foi um dos dez pesquisadores da USP selecionados para participar das atividades do *Simpósio de Iniciação Científica da Universidade Estadual de Nova Jersey* e da *Universidade Brown*, nos Estados Unidos da América, em 2000. Agraciado com Bolsa de Estudo para participação do curso de especialização em História dos Estados Unidos da América: "The American Civilization" da *Universidade de Nova York* (EUA). Primeiro colocado na seleção de Bolsas de Estudo para Pesquisa em Portugal, promovido pela *Cátedra Jaime Cortesão* em 2004. Primeiro Colocado na seleção do *Serviço Alemão de Intercâmbio Acadêmico* (DAAD) para obtencão de Bolsa de Estudo para Estadia de Curta Duração na Alemanha, em 2005-2006.

Autor da Dissertação de Mestrado "*Guerra das Imagens: Cinema e Política nos Governos de Adolf Hitler e Franklin D. Roosevelt (1933 - 1945)*" (SP: Humanitas / Imprensa Oficial, 2006. No prelo), orientada pela Profa. Dra. Maria Helena Rolim Capelato, em 2003. Produziu o artigo "Cinema e Propaganda Política no Fascismo, Nazismo, Salazarismo e Franquismo". *In: História: Questões & Debates* (Curitiba: Editora UFPR, jan/jun 2003.), os verbetes "Cinema Expressionista Alemão", "Estetização da Política" e "Nazismo e Propaganda". *In: Enciclopédia de Guerras e Revoluções do Século XX – As Grandes Transformações do Mundo Contemporâneo: Conflitos, Cultura e Comportamento.* (orgs. Francisco Carlos T. da Silva et alii. RJ: Elsevier/Campus, 2004.) e o livro paradidático *30 de Janeiro de 1933: A Alemanha Nazista* (SP: Editora Lazuli/Coleção Rupturas, No Prelo). Atualmente desenvolve, no Programa de Pós-Graducão em História Social (FFLCH-USP), o seu doutoramento com o tema: "Cinema e Propaganda Política nos Fascismos Europeus", projeto orientado pela Profa. Dra. Maria Helena Rolim Capelato e financiado pelo CNPq.

CTP, IMPRESSÃO e ACABAMENTO

IBEP
GRÁFICA

Av. Alexandre Mackenzie, 619 - Jaguaré - SP - CEP 05322-000
Tel.: (11) 6099 7799 (PABX) - ramais 1408 - 1411 - São Paulo - Brasil